임봉대 목사의

박물관 이야기

임봉대 목사의
박물관 이야기

초판 발행 2020년 6월 1일

지은이 임봉대
발행인 이재영
발행처 도서출판 조명문화사
출판등록 1989년 7월 13일 제2-846호
주소 서울특별시 중구 장충단로4길 24-6
전화 02-498-3017 팩스 02-498-3018
이메일 jjj248@nate.com

ISBN 978-89-7257-504-7 93200
값 20,000원

임봉대 목사의

박물관 이야기

CMPress 도서출판 조명문화사

펴내는 글

2010년 2월 국제성서박물관에 파송을 받아 미국에서 귀국한 것이 엊그제 같은데 벌써 10년의 세월이 흘렀다. 독일과 미국에서 이민 목회와 유학 생활을 하고 20년 만에 귀국할 때 나름대로 박물관에 대한 비전과 계획이 있었다.

한국에서는 2000년대 이후 박물관에 관한 관심이 높아지고 박물관이 단순히 과거의 유물을 전시하는 공간이 아니라 학생들을 위한 체험교육의 현장이요 시민들이 다양한 분야의 문화를 함께 즐기고 이용하는 복합적인 문화공간으로 변화해 가고 있었다.

이와 같은 시대적 변화 속에 박물관 일을 맡게 된 것은 큰 기쁨이었다. 박물관을 인천광역시에 정식으로 등록하고 인천광역시박물관협의회의 활동에도 적극적으로 참여하면서 박물관에 대해 많이 배우려고 노력하고, 한국박물관협회와 한국사립박물관협회를 통해 여러 관장과 학예사들을 비롯한 박물관 관계자들과 좋은 교류를 하려고 애썼다.

지금까지 국제성서박물관장으로 있으면서 무엇보다도 기독교인들이 박물관에 대한 새로운 시각과 관심을 가져 주었으면 하는 마음이 컸다. 그래서 주안감리교회에서 발행하는 「주안」과 도서출판 성실문화(聖實文化)에서 발행하는 「성실문화」에 국제성서박물관이 추진해

온 사업 내용을 구체적으로 소개하면서 '복합적인 문화, 교육공간으로서의 박물관', '자원봉사자의 사명', '미래형 인재를 키우는 박물관' 등, 다양한 주제를 함께 다루었다.

감리교본부에서 발행하는 월간 「기독교세계」는 목회자들을 위해 "박물관 속 성경의 세계"라는 제목으로 그동안 방문했던 국내외 박물관의 성경관련 자료들을 소개하였다. 성경은 서구문명의 역사, 예술, 문학 등, 거의 모든 분야에서 지대한 영향을 끼쳤을 뿐만 아니라, 한국의 근현대사에서도 교육, 음악, 문학, 출판 등의 발전에 빼놓을 수 없는 중요한 역할을 하였다.

한국박물관협회의 누리집에 있는 「뮤지엄뉴스」(Museum News)는 박물관에 관한 다양한 지식과 실질적인 정보를 제공해 주는 것이어서 특별히 좋아하는데, 그 내용을 즐겨 읽으면서 박물관에 관한 글을 적극적으로 기고하기도 하였다. 일간신문인 「경기일보」는 '인천의 아침' 칼럼을 통해 성숙한 시민의식을 기대하면서 지역사회와 박물관에 대한 글을 쓰고 있다.

국제성서박물관 개관 25주년을 맞이하여 그동안 쓴 글을 수정, 보완하여 한 권의 책으로 묶어서 내게 되었다. 기회가 되는대로 국내외 박물관들을 방문하고 관계자들과 대화를 나누면서 갖게 된 다양한 경험과 지식은 나의 소중한 자산이 되었다. 아직도 박물관을 고리타분하게만 생각하는 사람이 있다면, 박물관을 흥미 있는 문화적 공간으로 즐기며 다양하고 유익한 경험을 할 수 있기를 바란다.

이 책을 펴내면서 무엇보다 국제성서박물관에서 일할 수 있도록 기회를 준 주안감리교회 한상호 담임목사(국제성서박물관 이사장)께 감사를 드린다. 2010년 국제성서박물관에 부임한 후 1년이라는 짧은 시간 동안 설립자이신 고(故) 한경수 감독을 모셨지만, 그분 곁에서 많은 것을 배울 수 있었다.

문화에 대한 열정과 경륜을 가진 여러 관장들께서 아낌없는 조언과 격려를 해 주시고, 동료 신학자들이나 목회자들도 의미 있는 일을 한다며 동참해 줘서 참으로 큰 힘이 되었다. 무엇보다 박물관 업무를 담당해 준 학예사와 교육사들, 그리고 도움이 필요할 때마다 기꺼이 함께 해 준 교우들과 자원봉사자들에게 진심으로 감사를 드린다.

2020년 6월

임 봉 대 목사

국제성서박물관 관장

Museum Story

Contents

박물관 속 성경의 세계

Museum Story

Museum News 칼럼

인천의 아침

박물관과 함께한 10년

영어 성경의 역사

구텐베르크 박물관 인쇄기사 미하엘 소보타

박물관 속 성경의 세계

국제성서박물관

우리 시대의 **박물관**

2006년 크리스마스 시즌에 개봉되어 인기리에 상영되었던 미국 영화 〈박물관은 살아 있다〉(Night at the Museum)는 박물관이 과거의 유물들만 있는 화석화된 공간이 아니라 살아 움직이는 생명력을 가진 공간이라는 새로운 인식을 심어 주었다. 한국에서도 이제는 박물관이 더 이상 과거의 유물들만 전시해 놓은 고리타분한 곳이 아니라, 즐기고 배우는 곳이며 다른 어느 교육기관이 제공해 줄 수 없는 소중한 문화유산들을 직접 보며 체험할 수 있는 교육기관으로 인식되고 있다.

1997년 12월에 확정된 제7차 교육과정에서 중시하는 5가지 인간상 중 하나는 "우리 문화에 대한 이해의 토대 위에 새로운 가치를 창조하는 사람"이다. 이에 따라 박물관이 체험학습을 위한 중요한 장소로 인식되면서 학생들을 위한 교육기관으로 급부상하게 되었다.

이것은 박물관이 유물을 수집, 조사, 연구, 전시하는 기관에서 서비스 기관으로 탈바꿈하고 있다는 뜻이기도 하다.

한국 경제가 세계적인 수준에 오르면서 국민들의 문화에 대한 관심이 높아지고 지방자치단체에서도 지역 문화의 발전에 많은 노력을 기울이고 있다. 1990년대 초만 해도 전국에 2백여 관밖에 안 되던 박물관이 2009년에는 7백여 관으로 늘어나고 현재는 약 1천여 개의 국·공·사립박물관 및 대학박물관들로 급성장하고 있다. 현재 한국박물관협회와 한국사립박물관협회에 등록된 종교박물관 중에는 불교와 천주교 계통의 박물관이 대부분이며 기독교 박물관은 소수에 불과하다. 불교는 한국 역사와 거의 맥을 같이 할 정도여서 사찰이나 유물들을 한국의 역사와 문화로 자연스럽게 받아들이고 있는 반면에, 기독교는 아직도 특정 종교의 하나로 인식되고 있는 형편이다. 그러나 기독교가 구한말과 일제 강점기를 통해 한국 역사에 끼친 영향이 지대하고 오늘날에 이르기까지 교육과 문화 등에서 주도적인 역할을 해 왔기 때문에 이제는 기독교의 유산도 한국의 역사와 문화의 중요한 요소로 존중되어야 한다.

국제성서박물관 전경

국제성서박물관(International Bible Museum)은 1995년 4월 30일에 개관하였으며, 설립자인 한경수 감독이 일생동안 수집한 성경들과 웨이크필드(David Wakefield) 박사가 기증한 성경 등 약 1만5천여 점의 자료들을 소장

글로싸 오디너리아
(12세기)

마르틴 루터 독일어 성경
(1820년)

매튜핸리 성경
(1769년)

하고 있다. 그중에는 12세기 수도원에서 대학교재로 사용되었던 성경인 『글로싸 오디너리아』(Glossa Ordinaria) 인쇄본을 비롯해 『구텐베르크 성경』(Gutenberg Bible) 사본, 1611년 『제임스왕역』(King James Version) 원본 등 귀중한 성경들과 희귀본들이 있다. 그 외에 영어 성경, 독일어 성경, 불어 성경, 러시아 성경 등, 세계 각국의 약 3백여 개 언어로 되어 있는 성경들을 소장하고 있다. 현재 우리가 사용하고 있는 한국어 성경들의 다양한 번역본들도 소장하고 있는데, 한국교회가 세계기독교사에서 유례 없는 큰 부흥의 역사를 이룰 수 있게 된 배경에는 한국어 성경번역이 큰 역할을 하였다.

오늘날 박물관은 한국사회에서 가장 빠른 진보를 보이는 대표적인 문화 공간, 교육 공간이 되고 있다. 국제성서박물관도 단순히 오래된 성경책들을 전시하는 데서 그치는 것이 아니라, 성경과 관련한 세계의 역사와 문화에 대한 다양한 체험교육을 제공하기 위해 노력하고 있다. 앞으로 더욱 다양한 교육과 체험 프로그램 개발, 디지털을 통한 입체영상 등, 시대적인 흐름에 뒤떨어지지 않는 문화콘텐츠를 제공함으로써 박물관을 찾는 사람들의 요구에 부응하고자 한다.

성경은 기독교의 경전일 뿐만 아니라 세계 기록문화의 역사와 문학사에 큰 공헌을 하였다. 성경을 모르고는 영국의 대문호인 셰익스피어의 작품이나 독일의 대표적인 문호인 괴테의 작품을 올바르게 이해할 수 없다. 『제네바 성경』(The Geneva Bible, 1560년)이 영국 문학사에 끼친 영향이나 『제임스왕역』(King James Version, 1611년)이 영어의 발전에 끼친 영향은 참으로 지대하였다. 독일의 마르틴 루터(Martin Luther)가 번역한 『독일어 성경』(1534년)도 독일 문학과 독일어의 발전 과정에서 빼놓을 수 없는 결정적인 역할을 하였다. 유럽의 건축이나 회화뿐만 아니라, 클래식 음악도 마찬가지다.

세계 기록문화의 역사에 있어서도 성경의 역할은 결코 빼놓을 수 없다. 인쇄술의 역사에 획기적인 공헌을 한 독일의 구텐베르크(Johannes Gutenberg)가 금속활자를 발명하고 나서 최초로 인쇄한 책이 성경이다. 우리 박물관에 구텐베르크 인쇄기를 실물 크기로 제작하여 구텐베르크 인물 사진과 함께 전시해 놓았다. 우리 박물관이 소장하고 있는 『니콜라스 젠슨 성경』(Nicolas Jenson Bible, 1480년)은 디자인을 공부하는 사람들에게 가장 기본이 되는 활자(font)를 제공하기도 한다.

현재 세계 최초의 금속 활자본은 우리나라의 『직지심체요절』(直指心體要節)이다. 사실 우리나라는 『직지심체요절』을 비롯하여 팔만대장경, 훈민정음, 조선왕조실록 등, 다른 나라에서는 찾아보기 힘든 기록문화에 관한 세계적인 유산을 많이 갖고 있다. 그러나 최초의 금속활자본인 『직지심체요절』은 한문으로 되어 있기 때문에 활자를 일일이 다 제작해야 했고, 특히 종이가 발달해 헝겊으로 부드럽게 두드리기만 해도 탁본을 뜰 수 있어서 당시에는 별도의 인쇄기를 만들 필요성이 없었다.

그러나 유럽의 경우 종이가 거칠고 두꺼웠기 때문에 큰 압력으로 종이를 눌러야만 인쇄가 가능했다. 이에 구텐베르크는 포도를 통에 담고 압축하여 짜내는 포도압착기(press)의 원리를 이용하여 인쇄기를 발명하고 알파벳으로 되어 있는 동일한 개별 금속활자를 많이 주조함으로써 대량생산이 가능한 인쇄술의 기계화를 이루어 유럽 전역으로 빠르게 보급되도록 하였다. 이로 인해 15세기 이후 유럽 사회는 종교, 정치, 사회구조에 엄청난 변화를 가져오게 되었다. 미국의 라이프(LIFE)지에서는 지난 1천 년 동안에 이루어진 인류 최고의 발명으로 '구텐베르크 인쇄기'와 인쇄술의 발달을 꼽았다. 그 중심에 성경이 있고, 마르틴 루터(Martin Luther)의 종교개혁이 있었다.

구텐베르크 인쇄기

국제성서박물관 전시실

체험-초막꾸미기

체험-쿠키 만들기

국제성서박물관이 이러한 성경들을 한자리에 모아서 박물관을 찾는 모든 이들에게 은혜와 감동을 전하는 일을 하고 있으니 참으로 자랑스러운 일이 아닐 수 없다. 국제성서박물관은 학생들과 성인들에게 성경의 참된 가치를 다양한 각도에서 널리 알리는 현장교육과 학습의 장소로 활용되도록 다양한 체험교육 프로그램을 개발, 운영하고 있다.

이제는 한국 교회와 기독교인들도 문화사역의 일환으로 기독교 박물관에 대한 관심을 가져야 할 때이다. 이를 위해 앞으로 성경 유물들을 중심으로 세계 각국에 있는 유명 박물관들을 소개하고자 한다. "아는 만큼 보인다"는 말처럼 세계 각국에 있는 박물관들에 대해 폭넓은 이해를 갖게 된다면, 성서박물관을 통한 문화사역의 필요성과 공감대를 형성할 수 있을 것으로 기대한다.

●● 국제성서박물관

주소: 인천광역시 미추홀구 경인로 349번길 16

전화: 032-874-0385 홈페이지: www.biblemuseum.or.kr

대한성서공회

성경이 우리 손에 오기까지

대한성서공회의 역사는 하나님의 말씀이 우리말로 번역, 출판, 반포, 활용되어 온 그야말로 한국어 성경의 역사다. 1882년 존 로스에 의해 『예수셩교 누가복음젼셔』가 번역되기 시작하면서 1887년에 신약성경이 우리말로 완역되어 『예수셩교젼셔』라는 이름으로 출판되었다. 구약은 1906년 『창세긔』와 『시편』 발행을 시작으로 1911년 한글로 완역된 『구약젼셔』가 출판되면서 일본 요코하마에서 한글 최초의 『셩경젼셔』가 발행되었다. 한국교회는 성서주일인 1911년 5월 마지막 주일에 『셩경젼셔』 출판 감사예배를 드렸다.

서울 서초구 역삼동에 위치한 대한성서공회 전시실에는 『사해사본』이나 『레닌그라드 사본』과 같은 히브리어 구약사본, 헬라어 사본의 두루마리와 파피루스, 세계 최초의 인쇄본 성경인 『구텐베르크 42행 성경』,

최초의 영어 성경인 『위클리프 신약』, 『제임스왕역』, 『루터 성경』, 『장개석 총통의 문체 수정본』 등 각국의 귀중한 외국어 성경과 우리말 번역에 직접, 간접으로 영향을 끼친 주요 외국어 역본들이 전시되어 있다. 대부분 원본이 아닌 복사본이라는 아쉬움은 있지만, 성경의 역사에 있어서 중요한 성경들을 눈으로 확인해 볼 수 있다는 점에서 의미가 있다.

독일에 직접 주문하여 제작한 구텐베르크 인쇄기 모형과 함께 『구텐베르크 42행 성경』 영인본이 전시되어 있는데, 금속활자로 인쇄된 최초의 성경이다. 라틴어 성경인 『불가타』를 인쇄한 것으로 표제지, 쪽수, 출판연도가 없으며, 서지학자들이 이 성경을 파리에 있는 마자랭 추기경의 서재에서 발견했다고 해서 『마자랭 성경』이라고도 부른다.

전시실에는 중요 성경 사본들이 '구약의 사본과 인쇄본'이라는 제목으로 사진 설명과 함께 전시되어 있다. 제일 먼저 가장 오래된 성경 본문들을 사진과 함께 소개하고 있는데, 사해사본이 발견되기 전까지는 십계명이 기록된 『나쉬 파피루스』(주전 2~1세기)가 가장 오래된 구약 본문 단편이었다. 이것은 1902년 이집트에서 발견된 것으로 여기엔 십계명과 신명기 6장 4~5절의 '쉐마 이스라엘'의 본문이 섞여 있

구텐베르크 성경

구텐베르크 인쇄기

사해사본

다. 예루살렘의 케텝힌놈에서 민수기 6장 24~26절이 고대 히브리어 글씨로 쓰여 있는 두루마리 조각이 발견되었다. 주전 7~6세기 것으로 가장 오래된 히브리어 구약 본문이다.

대한성서공회에서 전시 자료를 소개한 것에 따르면, 마소라 본문 사본 가운데서 가장 오래된 것은 주후 895년에 모세 벤 아셰르(Moses ben Asher)가 팔레스타인의 티베리아에서 만든 『카이로 예언서』(Codex Cairensis)이다. 그다음은 916년에 나온 『페테르부르크 예언서 코덱스』(Petersburg Codex of the Prophets)이다. 이것은 벤 아셰르가 직접 만든 것은 아니지만, 티베리아 마소라 체계에 바빌로니아에서 발달한 모음 기호를 삽입한 것이다.

그다음으로 특기할 만한 마소라 사본은 소위 『알레포 코덱스』(Aleppo Codex)이다. 이것은 주후 930년경에 솔로몬 벤 버야아(Solomon ben Buya'a)가 필사한 것으로 아론 벤 모세 벤 아셰르(Aron ben Moses ben Asher)가 수정을 가하고 모음 기호를 조정하고 마소라 주기 등을 고쳐서 만든 것이다. 본래는 구약 전체를 다 포함한 것이었으나 지금은 예언서만 남아 있다.

구약 전체를 담고 있는 사본으로 가장 오래된 것은 주후 1008년

알레포 코덱스

레닌그라드 사본

로이클리아 사본

리스본 사본

에 기록된 『레닌그라드 사본』이다. 『레닌그라드 사본』은 러시아 상트 페테르부르크(구 레닌그라드)에 있는 러시아 국립도서관에 소장되어 있는데, 1937년도에 출판된 『히브리어 성경』(Biblia Hebraica 3판, BHK)의 본문으로 사용되었으며, 그 후속판인 비블리아 헤브라이카 슈투트가르텐시아(BHS)의 본문으로 사용되고 있다.

이 밖에 예언서 사본인 1105년의 『코덱스 로이클리아나』(Codex Reuchliana)가 있는데 이것은 모세 벤 아셰르 사본보다 더 정확하다고 하는 모세 벤 다윗 벤 납달리(Moses ben David ben Naphtali) 사본 체계를 보여 준다.

13세기 중엽으로 들어서면서부터 화려한 꽃무늬 장식을 한 필사본들이 나오기 시작한다. 이러한 필사본은 인쇄술이 발달한 이후에도 당분간 더 지속된다. 일찍이 이베리아 반도의 톨레도에서 1482년에 나온 『리스본 사본』이 그 좋은 예이다. 이것은 사무엘(Samuel Ibn Musa)이 만든 것으로서 모두 세 권으로 되어 있는데 구약이 다 들어 있다.

영어역본으로는 『위클리프역』(Wycliffe's Version, 1382년)의 인쇄본, 『큰 성경』(The Great Bible, 1539년), 『제네바 성경』(The Geneva

Bible, 1560년), 『제임스왕역』(The King James Version, 1611년)의 영인본 등이 전시되어 있다. 『위클리프역』은 영어로 완역된 최초의 성경이다. 1384년 운명한 위클리프는 죽은 지 44년 후인 1428년에 성경을 번역했다는 이유로 그의 시신은 불태워 강에 뿌려지고, 그가 번역한 성경은 금서(禁書)로 소각되었다.

『제네바 성경』은 『큰 성경』의 교정판으로 일반 신도들 사이에서 널리 유포되었다. 『제네바 성경』은 청교도 혁명을 일으킨 올리버 크롬웰 장군이 사용한 성경이요, 존 번연, 세익스피어 등이 그들의 작품에 인용한 성경이기도 하다. 1611년에 출판된 『제임스왕역』은 엘리자베스 여왕의 뒤를 이은 영국 왕 제임스 1세가 1604년에 번역하도록 하여 7년 만인 1611년에 번역이 완성되었다.

제임스왕역

루터 성경

사마리아 오경(1918년)

타르굼

존 로스의 성찬잔과 예수셩교젼서

대한성서공회에서 보급한 세계 각국의 번역성경들

그 외에 마르틴 루터 『독일어 성경』(1534년), 초창기 우리말 번역 성경의 대본 구실을 한 중국어 문리역 신약(1895년)과 구약(1905년)의 최근판(1912년), 일본어 여섯 가지 번역 대조신약(1994년) 등도 볼 수 있다. 아울러 우리말로 성경을 최초를 번역한 존 로스가 사용했던 성찬잔이 1887년 『예수셩교젼서』와 함께 전시된 것을 볼 수 있다.

한쪽 편에는 대한성서공회에서 제작하여 해외에 보급한 외국어 성경 750개 언어, 1,500여 종의 성경들도 정리되어 있다. 단체로 관람하는 방문객들은 한글성경번역 및 보급 역사와 세계의 성경사업에 관한 강의를 들을 수 있으며, 성경전시실의 전시물을 설명과 함께 관람할 수 있다.

●● **대한성서공회**

주소: 서울 서초구 남부순환로 2569

전화: 02-2013-8700　　홈페이지: www.bskorea.or.kr

한국기독교역사박물관

역사와 신앙의 **향기**

영동고속도로 이천나들목을 나와 들판을 달리니 차창 가로 가을이 성큼 다가온다. 무르익은 벼가 머리를 숙이고 길가에는 코스모스들이 반긴다. 좁은 길을 돌아 들어가니 붉은색 벽돌로 된 한국기독교역사박물관이 보인다. 박물관 뒤뜰에는 1907년 대부흥운동 100주년 기념사업으로 복원된 평양의 장대현교회가 있다. 장대현교회는 1893년 마포삼열 선교사에 의해

한국기독교역사박물관

장대현교회

설립된 평안도 최초의 교회였다. 장대현교회 안뜰에는 마포삼열 선교사 기념비가 세워져 있고, 바깥 뜰에는 '처음사랑'(박종구 시)이라는 제목의 시비가 세워져 있다.

기념비석-처음사랑

"1907년 장대현교회 예배당
말씀과 더불어 성령과 더불어
회개의 뜨거운 부흥의 새벽
그것은 바람이어라 불길이어라

그 불길 마침내 온 누리로 번지다
그 찬양 이 민족의 가슴을 적시다
그 복음 이 땅의 영혼을 일으키다
…"

한국기독교역사박물관(한동인 관장)은 1955년 당시 북에서 월남한 피난민들이 설립한 대구 평북교회의 이성호 목사와 정학선, 정영록, 한영제 장로 등이 문서 선교를 통한 복음전파와 한국 기독교 문화 창달을 목적으로 기독교 전문서점과 출판사를 설립한 '기독교문사'에 뿌리를 두고 있다. 경기도 이천시 대월면 초지리에 위치한 현 박물관 건물은 2001년 11월 30일 준공과 동시에 개관예배를 드렸으며, 2003년 문화체육관광부에 사립박물관 등록을 하였다.

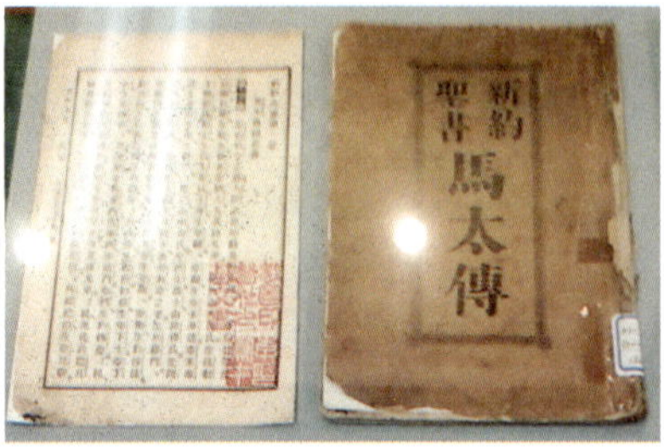

신약성서 마태전(1884년)

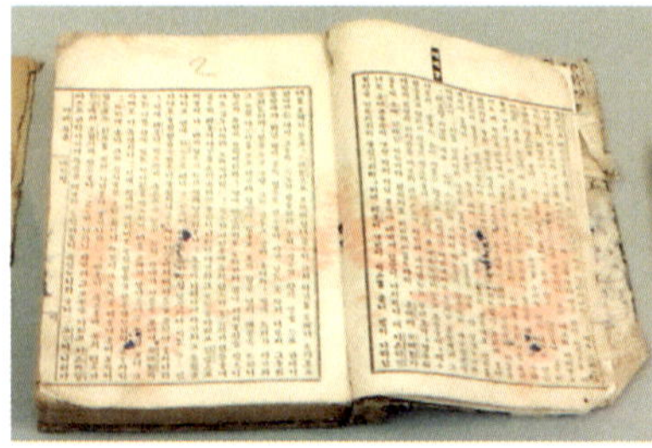

신약젼셔(1900년)

한국기독교역사박물관은 수장고와 전시실, 연구실을 갖추고 있으며 소장 자료로는 해방 전 출판된 기독교 고문헌 5천여 점을 비롯하여, 한국교회사와 세계교회사, 각종 간행물, 사진과 화보 자료, 선교사 관련 마이크로필름, 성가 레코드판 등 10만여 점에 달한다.

전시실에는 다양한 자료들과 함께 성경들도 일부 전시되어 있다. 그중에 가장 오래된 성경으로는 『신약성서 마태전(馬太傳)』이 있다. 이 성경은 1884년 일본 요코하마에서 이수정이 한문성경에다 구결(口訣)을 달아 편집한 마태복음이다. 이수정은 1882년 일본사찰단 일행으로 일본 도쿄에 갔다가 그곳에서 복음을 접하고 1883년 4월 세례를 받은 후 한문 성경 문리역(文理譯) 본문에 구결을 다는 형태로 번역을 시작하여 1884년 4복음서와 사도행전을 요코하마에서 인쇄하였다. '구결'이란 조선 시대 관청이나 한문 학습을 돕기 위해 한문 약자체로 쓴 토(吐)를 의미한다. 이수정은 1884년 한문 성경에 토를 다는 것을 그만두고 성경을 한국어로 번역하는 작업에 착수하여 1885년 『신약 마가젼 복음서 언해』를 출판하였다.

그리고 1900년(광무 4년) 서울 정동 배재학당 옆에 위치한 미이미

성경전셔(1911년)

셩경개역(1938년)

인쇄소(삼문출판사)에서 발행한 한글 『신약젼셔』가 있는데, 국내에서 이루어진 최초의 한글번역 신약성경이다. 그러나 이 성경은 충분한 교정과 검증을 받은 공인 역본은 아니어서 성경 본문의 문체와 조판 형태가 각기 다르고 번역자의 개인적 신앙에 따라 신명(神名)도 '상제', '텬쥬', '하나님' 등 다양하게 나온다. 이런 차이와 오류를 수정하여 신약성경의 공인역본이 나온 것은 1906년이다.

1911년에 발행된 『셩경젼셔』는 한국 최초의 신구약 합본성경이다. 1911년 대영성서공회에서 간행했고 일본 요코하마 복음합자회사에서 동시에 인쇄하였다. 신약은 1906년에 완성된 공인역본이고 구약은 1910년에 끝난 시험역본이다. 단권으로 된 이 성경은 전통적인 '두루마리' 제본이 아닌 양장 제본으로 이만한 두께의 책은 당시 성경밖에 없었다. 그뿐만 아니라 세종대왕이 한글을 창제하여 반포한 이래 단일 권으로는 한글로 기록된 가장 많은 분량의 책이다.

1938년 대영성서공회에서 발행한 신구약 전서인 『셩경 개역』도 볼 수 있는데, 개신교에서 가장 많이 사용하던 『개역성경』의 기본이 된 성경이다. 1911년 발행된 신구약 합본 성경의 경우 신약성경은

'공인역본'이었지만, 구약성경은 '시험역본'이어서, 구약 번역 본문을 검토하여 공인역본으로 만들 필요가 있었다. 개역 작업을 하는 중에 1911년 105인 사건, 1919년 3·1운동 등 여러 가지 사회적인 상황으로 인해 1936년에야 구약 전체의 개역작업을 마칠 수 있었다. 신약의 본문도 수정을 요하는 부분에 대한 개역작업을 1926년부터 시작하여 1937년에 끝내면서 개역작업을 마무리한 구약과 함께 1938년에 인쇄하였다.

한국어 성경 이외에도 각종 찬송가와 교계 신문과 자료, 신학교 졸업장, 교회 주보 등 다양한 자료들을 볼 수 있다. 그리고 19세기 일본 기리시단 성화를 비롯해 천주교 박해와 관련한 기해년 척사윤음(1839년), 병인년 척사윤음(1866년), 오페르트의 『한국 여행기』(A forbidden Land: Voyages to the Corea), 『치명일기』(List of Korean Catholic Martyrs), 그리피스의 『은둔 한국』(Corea the Hermit Nation), 로스의 『한국 역사와 풍습』(Corea, Its History, Manners and Customs) 등 희귀한 자료들도 많이 있다.

유물로는 1910년대 미국에서 제작한 영문타자기인 언더우드 타자기, 선교사 헤인즈(P.E. Hanes, 허인수)가 사용했던 여행 가방, 축음기, 피아노 등을 볼 수 있다. 언더우드 타자기 회사는 1930년대 한글타자를 처음으로 고안하여 한글 타자기를 제작하기도 했다. 동양선교회(Oriental Missionary Society) 선교사로 1921년 내한한 헤인즈는 한국 성

헤인즈 선교사 여행 가방

결교회 성장과 발전에 크게 공헌하였다. 그의 여행 가방 앞면에는 그가 졸업한 필라델피아 애즈베리(Asbury) 신학교 이름이 쓰여 있다.

한영제 장로

2011년에 한국기독교역사박물관의 설립자요 초대 관장이었던 향산 한영제 장로의 3주기 추모예배가 있었으며, 그의 고귀한 뜻을 기려 박물관 입구에 부조 제막식을 가졌다. 한국기독교역사박물관은 숭실대학교의 한국기독교박물관과 함께 한국 교회사 관련 유물을 가장 많이 소장하고 있는 박물관으로 한국교회사뿐만 아니라 한국 근현대사에 관심을 갖고 있는 이들이라면 방문해 보아야 할 소중한 유산이다.

●● **한국기독교역사박물관**

주소: 경기도 이천시 대월면 대평로 214번길 10-13

전화: 031-632-1391　　홈페이지: www.kchmuseum.org

양화진 외국인 선교사 묘원

한국인보다 한국을 **더 사랑한 외국인**

토요일 오전 맑은 날씨 가운데 양화진 외국인 선교사 묘원을 찾았다. 국제성서박물관 자원봉사자들과 함께 현장실습 겸 방문하게 되었다. 서울 마포구 합정동에 자리한 양화진 외국인 선교사 묘원은 한국 기독교의 대표적인 성지답게 오늘 예약한 방문객들만 1천여 명이라고 한다. 방문객들은 제일 먼저 묘원에 안치된 선교사들에 관한 영상을 30분 정도 본 후에 그룹별로 나뉘어 안내자를 따라 묘원으로 가서 설명을 들을 수 있도록 하고 있다.

국제성서박물관 자원봉사자들

우리는 영상 상영 시작 시간이 남아 있어 먼저 양화진 홍보관에 들렀다. 2008년 개관한 양화진 홍보관은 한국기독교100주년기념사업협의회 및 한국기독교선

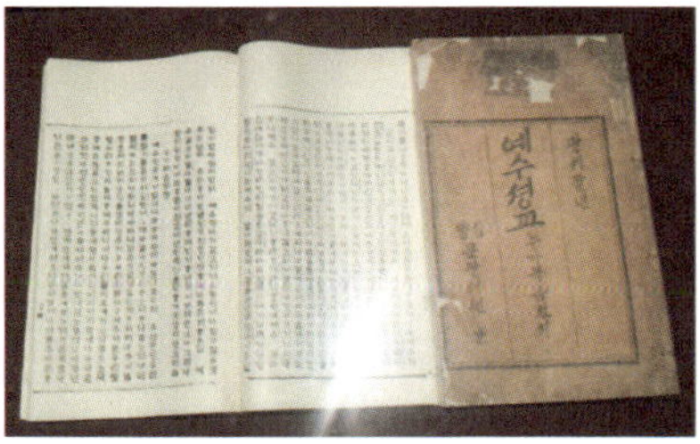

누가복음

성경번역사 사진 설명

교100주년기념회, 그리고 마포구청이 합동으로 건립하였다. 홍보관 입구에 안내자가 있어 그룹으로 입장하도록 하였다. 입구에 들어서자마자 성경 말씀이 하늘에서 빛을 타고 내려오듯 우리를 맞이하는 것이 감동적이었다. "조선을 향한 하나님의 마음"이라는 제목 아래 1887년도판 『예수셩교젼서』의 사진과 성경이 한 권 전시되어 있다. 『예수셩교젼서』(1887년)는 최초의 한글 신약성경으로 원본은 연세대학교 도서관에서 소장하고 있으며, 북방 방언 기록의 가치를 인정받아 문화재 669호로 지정되었다.

사진 설명에 따르면, "한편 개항에 앞서 본격적인 복음화를 위한 준비도 계속되었다. 이미 19세기 중반에 일부 개신교 선교사들이 서양 선박에 동승하여 조선에 왔지만 그들에게는 아직 선교의 기회가 없었다. 그러던 중 만주에서 활동하던 로스 선교사는 1874년 봉천(현 심양)에서 조선인들을 만난 것을 계기로 일찌감치 이들과 협력하여 성경의 한글 번역에 착수했으며, 1882년에는 『누가복음』과 『요한복음』을 출판했다. 개신교 선교사들이 조선에서 복음을 전하기도 전에 성경이 번역되어 인쇄판 한글 성경이 국내로 유입된 것이다. 조선의 복음화를 위해 하나님은 1882~1884년 사이의 짧은 기간에 이 땅에 보낼 선교사

1911년 성경전서 모형

들을 세계 곳곳에서 준비시키시고, 그들의 마음이 조선으로 향하도록 섭리하셨다."

전시실에는 그 외 선교사들과 관련된 자료들이 전시되어 있으며, 성경 번역과 관련한 다양한 사진 설명들이 있어 한국어 성경과 한국 기독교의 뿌리를 피부로 느낄 수 있게 해 주고 있다. 안쪽에는 1911년도에 신구약이 최초로 완간된 한국어 성경 모형이 전시되어 있으며 그 앞에 한국어 성경 번역에 관한 영상을 보여주고 있다. 영상은 아주 깔끔하면서도 명확한 내용으로 되어 있어 영상을 보면서 가슴 속에 하나님의 말씀의 빛이 비추는 듯한 감명을 받았다. 성경 자체가 많이 전시되어 있지는 않았지만, 스토리텔링을 통한 사진 설명은 한국어 성경 번역의 감동을 전하는 데에는 부족함이 없었다.

홍보관을 나온 우리는 선교사 묘원을 소개하는 곳으로 이동했다. 바로 옆에 '한국기독교선교100주년 기념관'이 있지만, 영상시작 시간에 맞추느라 외관만 보면서 지나쳤다. 영상실에는 이미 많은 사람이 자리를 잡고 있었다. 그룹별로 명단을 작성하고 자리에 앉아 묘원에 안치된 선교사들에 관한 소개 영상을 보고 안내자의 인도를 따라 묘원으로 발걸음을 옮겼다.

묘원을 방문하기 전에 먼저 영상을 통해 선교사들에 대해 소개를 한 것은 교육적 효과가 매우 높았다. 영상을 통해 이미 마음에 감동을 받은 우리는 묘원에서 묘비에 쓰인 선교사들의 이름을 대할 때 마치

가까운 사람을 만난 것 같은 친숙함을 느낄 수 있었고, 자원봉사자가 설명하는 내용에 더욱 깊이 공감할 수 있었다.

언더우드 부인이 쓴 구한말 역사

양화진 외국인 선교사 묘원은 1893년 10월 24일에 설립이 허가되었으며, 현재 한국 기독교 초기의 외국인 선교사들과 한국의 근대화에 헌신한 구미 각국의 인사 500여 명이 묻혀 있다. 이곳에 제일 먼저 묻힌 선교사는 존 헤론이다. 구한말과 일제 강점기에 한국에 들어와 복음을 전하던 선교사들은 의료선교와 교육사업을 병행하였다. 선교사 알렌은 제중원을 설치하고, 헤론, 스크랜톤 등이 일을 하였다. 헤론 선교사는 1885년 내한하여 의료 선교사역을 하던 중 5년 만에 이질에 걸려 순직하여 이 땅에 뼈를 묻었다. 그의 묘비에는 "하나님의 아들이 나를 사랑하시고 나를 위하여 자신을 주셨다."(The son of God loved me and gave himself for me)라는 헤론 선교사의 신앙고백이 적혀 있다.

한양(서울)은 조선시대 때부터 이미 사대문 안에는 묘를 쓸 수 없도록 하였기 때문에 헤론 선교사가 순직한 후 사대문 밖에 위치한 양화진에 묘를 만들게 되면서 외국인 선교사들의 묘원으로 자리 잡게 되었다. 양화진이 위치한 마포나루는 한양 성내로 들어오는 목구멍과 같아서 한국을 자기 조국보다 더 사랑하고 한국 땅에 묻히기를 원했던 외국인 선교사들의 묘원으로 갖는 상징적인 의미도 있었다.

양화진에는 윌리암 쇼 선교사 부부와 아들 등, 여러 세대가 함께 묻힌 선교사 가족묘도 있는데, 비문을 통해 선교사들의 복음에 대한 열정과 한국 사랑을 깊이 느낄 수 있었다. 윌리엄 쇼 선교사는 우리나라 군목제도 창설에 기여한 감리교 선교사로 1921년 한국에 들어와 일제에 의해 추방될 때까지 20년 동안 선교사역을 감당하였다. 쇼 선교사는 해방 직후 1947년 다시 선교사로 들어와 주한미군 군목으로 활동하면서 한국군에 군목제도 창설을 이끌었다. 그의 아들 해밀턴은 하버드대학교에서 공부하던 중 한국에서 전쟁이 발발하자 미군에 자원입대하여 서울 녹번동에서 벌어진 전투에서 전사했다.

감리교 선교사로 고종황제의 자문 역할을 한 헐버트(H.B. Hulbert)의 비문에는 "나는 웨스트민스터 사원에 묻히기보다 한국에 묻히기를 원하노라"고 쓰여 있어 그가 얼마나 한국을 사랑했는지 감사할 따름이었다. 헐버트 선교사는 1907년 헤이그 밀사 파견과 1919년 3·1운동 등, 한국의 독립운동을 적극적으로 지원했으며, 외국인으로서는 최초로 건국공로훈장 태극장(독립장)이 추서됐다. 그리고 감리교 선교사로 1903년 원산 부흥운동의 위대한 불씨로서 1907년 평양 대부흥운동에 이르기까지 한국교회의 영적 대각성을 이끌어낸 주역인 하디 목사의 영적대각성운동 기념비도 볼 수 있었다.

하디목사영적대각성운동기념비

양화진을 방문하면 빼놓을

아펜젤러 목사 추모비

아펜젤러의 기도

수 없는 곳이 있는데, 아펜젤러 목사 추모비이다. 아펜젤러 목사는 감리교 선교사로 1885년 한국에 들어와 선교사역을 하면서 정동교회와 배재학당을 세우고, 한국어 성경번역 작업에도 헌신하였다. 아펜젤러 선교사는 1902년 6월 11일 목포를 향해 타고 가던 배가 군산 어청도 앞바다에서 다른 배와 충돌해 침몰함으로 순직하였다. 아펜젤러 추모비에는 그가 1885년 4월 5일 제물포에 상륙하여 드린 첫 기도가 적혀 있었다.

> "우리는 부활절 아침에 이곳에 왔습니다. 그날 사망의 권세를 이기신 주께서 이 백성을 얽어맨 결박을 끊으사 하나님의 자녀로서의 자유와 빛을 주시옵소서."

●● 양화진 외국인 선교사 묘원

전화: 02-332-9174　　홈페이지: www.yanghwajin.net (방문 예약)

숭실대학교 한국기독교박물관

한국 기독교의 **역사와 신앙의 뿌리**

1월 초의 날씨치곤 춥지 않았다. 숭실대학교에 도착했을 땐 약간 흐린 날씨에 잿빛 하늘로 곧 눈이 내릴 듯한 분위기였다. 한국기독교박물관은 웅장한 모습의 본관 건물 바로 뒤편에 자리 잡고 있다. 본관 건물 앞에는 안익태 기념관이 있고, 한국기독교박물관 옆에는 한경직 기념관이 자리 잡고 있어 숭실대학교의 역사와 신앙을 대변해 주고 있는 것 같았다.

한국기독교박물관 전경

숭실대학교 한국기독교박물관은 원래 장로교 목사이자 고고학자인 고(故) 김양선(金良善) 교수가 미군정청으로부터 설립 허가를 받아 1948년 4월 20일 서울 남산에 있는 옛 조선신궁(朝鮮神宮) 터에 '기독교박물관'과 '매

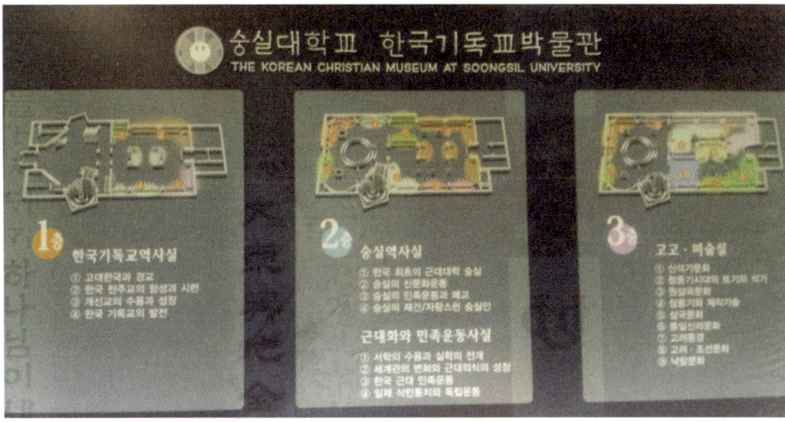

박물관 전시실 안내

산고고미술관'을 개관·운영한 것에서 비롯되었다. 그러나 1958년 이후 김양선 교수의 자택으로 유물을 옮겨 보관하던 중 1967년 7월 21일 모교인 숭실대학교에 3,600여 점의 유물을 기증함에 따라 1967년 10월 10일 '한국기독교박물관'으로 새로이 출범하게 되었다.

숭실대학교에서는 개교 70주년 기념일인 1967년 10월 10일 완공된 구 채플(웨스트민스터 채플) 1층에 전시실을 마련하여 임시 개관하였다가 1976년 1월 19일 교내에 박물관 단독건물을 신축하여 정식 개관하게 되었다. 이후 2003년 7월에 21세기의 새로운 요구에 부응하기 위해 현대적 전시시설을 갖추고 과학적인 수장 공간을 구비한 새 박물관으로 이전하였으며, 2004년 4월에 소장유물과 발굴유물을 다시 정리하여 '숭실대학교 한국기독교박물관'으로 새 출발하게 되었다.

국보 제 141호 『다뉴세문경』, 보물 제569호 『안중근의사유묵』 등 국보급 문화재들과 다량의 고고학 유물들을 전시하고 있는 한국기독교역사박물관은 1층 전시실에 한국기독교의 역사와 관련한 다양한

전시실 내부

김양선교수 흉상

자료들을 전시하고 있다. 박물관으로 들어서면 왼쪽에 박물관 설립자인 매산 김양선 교수의 흉상이 세워져 있고 그 뒤에 그의 삶에 대한 사진설명들이 있다.

1층 전시실로 들어서면 제일 먼저 존 로스(John Ross)가 의주 상인인 서상륜, 이응찬, 백홍준 등과 함께 번역하여 1887년에 발간된 『예수셩교젼셔』(The Oldest New Testament in Korea)가 있으며, 바로

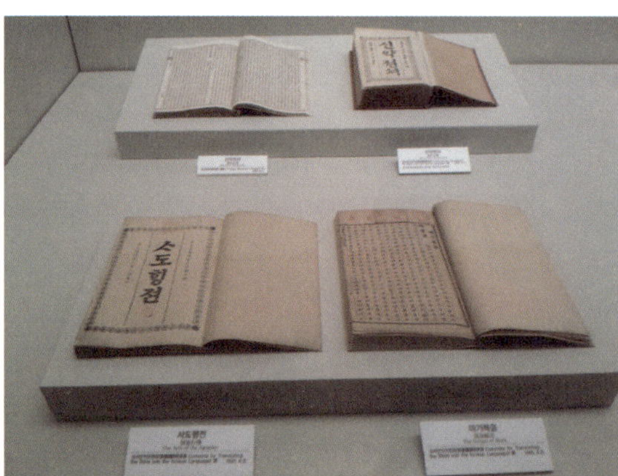

한국어 성경들

뒤편에는 최초의 한글성경인 『누가복음』(The Gospel of Luke, 1882년)이 전시되어 있다. 한국기독교역사박물관을 방문하여 이 두 성경을 보는 것만으로도 마음에 큰 감동이 되었다.

존 로스는 한국 선교에 대한 열정을 갖고 1874년과 1876년에 만주 통화현의 작은 마을인 고려문을 방문하였다. 고려문은 당시 청국과 조선의 국경이자 합법적 교역장소였다. 로스는 이때 의주 상인 이응찬을 만난 후 그의 도움으로 1877년에 선교사를 위한 한국어교재 『Corean Primer』를 만들었다. 그 후 이응찬, 서상륜, 백홍준 등과 함께 1852년에 간행된 한문 『신약전서 문리』를 대본으로 마태복음에서 로마서까지를 번역하였다.

한국어 성경번역 방법은 한문성경에서 1차 번역을 하면 존 로스와 이응찬이 헬라어 성경을 참고하여 2차 번역을 하고 이것을 1차 번역자와 참고하여 수정하고 다시 로스 등이 헬라어 성구사전, 메이어 주석 등을 참고하여 완성하였다고 한다.

"한글은 현존하는 문자 가운데 가장 완벽한 문자"라고 경탄한 바 있는 로스는 한글의 우수성과 함께 최신 헬라어 성경을 이용함으로써 한문성경보다 훨씬 정확한 번역본을 만들 수 있다는 것을 확신하

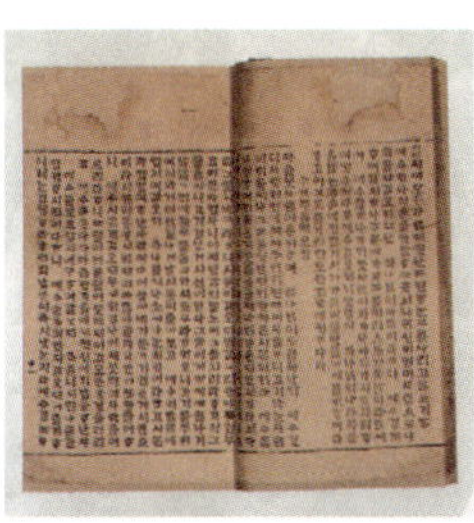
1882년 누가복음

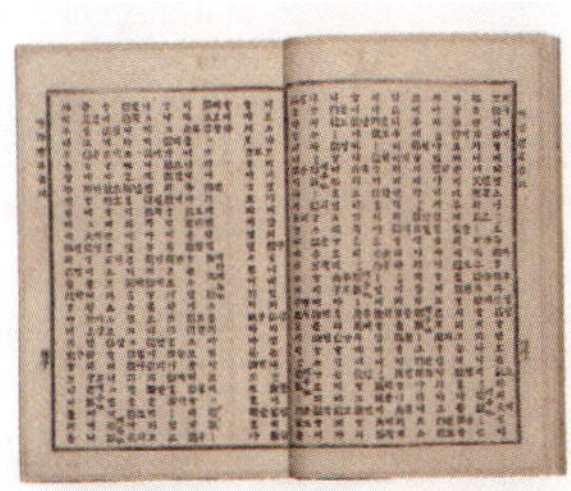
1885년 마가전복음서언해

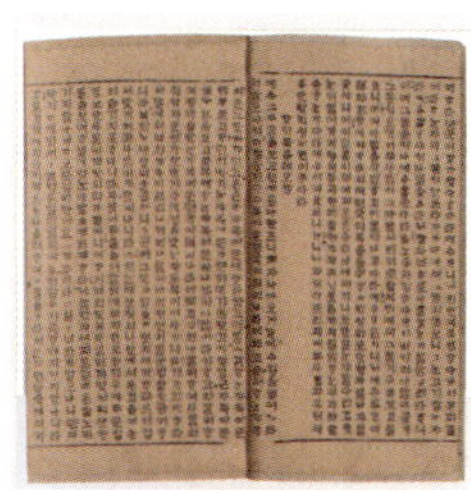
1887년 예수셩교젼셔

였다. 그는 1883년에 사도행전인 『제자행적』(The Acts of Aposteles)을 번역하고 1886년까지 서신서 번역을 완료한 후 1887년 최초의 한국어 신약성경인 『예수셩교젼셔』(The Oldest New Testament in Korean)를 출간하였다.

"한국인 학자가 한 명이라도 없었다면 나는 속수무책이었을 것"이라는 로스의 고백처럼 비록 『예수셩교젼셔』의 번역이 로스에 의해 추진되었지만, 그 실제 번역은 한국인들에 의해 이루어졌다는 점에서 '로스본'이라고 하기보다는 '예수셩교본'으로 부름이 더 타당할 것이다(기독교역사연 『한국기독교의 역사』).

한편 일본에서는 수신사로 갔던 이수정이 국한문체로 번역한 『마가전복음서언해』(The Gospel of Mark)가 1885년에 출간되었다. 이렇게 해서 한국의 기독교는 외국인 선교사가 들어오기 전에 이미 스스로의 힘으로 성경을 번역해서 읽고 있었으며, 일본을 거쳐 1885년 부활절에 한국에 들어온 장로교의 언더우드(Horace Grant Underwood) 목사와 감리교의 아펜젤러(Henry Appenzeller) 목사는 이미 번역된 한글성경이 있다는 것을 알고 깜짝 놀랐다고 한다. 이는 세계 기독교 역사에서 그 예를 찾아볼 수 없는 일로 한글성경이 널리 보급되면서 한국의 기독교회는 빠르게 성장하였다.

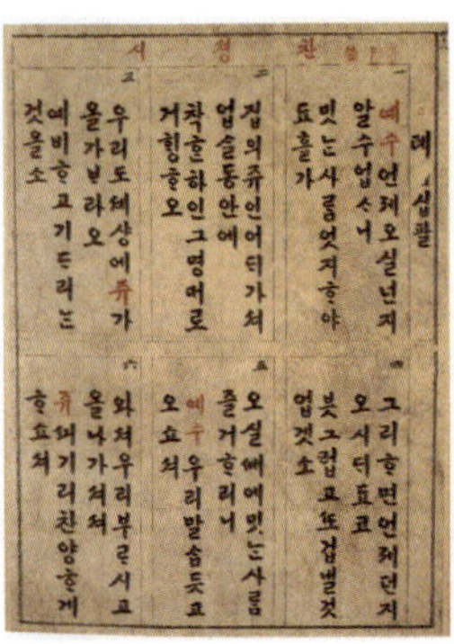

찬셩시

교회가 빠르게 성장하면서 찬송가들도 다양하게 간행되었는데, 초기 장로교회에서 불렀던 『찬셩시』라는 찬송

한글판 천로역정

가를 보면, 악보 없이 가사만 적었고, '예수', '주'라는 용어는 강조하기 위해 붉은색으로 표기했다. 전시실에는 1895년 선교사 게일이 한국어로 번역한 존 번연(John Bunyan, 1628~1688년)의 『천로역정』(The Pilgrim's Progress)과 삽화를 확대한 사진 자료들도 볼 수 있다. 『천로역정』은 주인공이 무거운 짐을 지고 고향인 '멸망의 도시'를 떠나 '낙담의 늪', '죽음의 계곡', '허영의 거리' 등을 거쳐 '하늘의 도시'에 도착하는 순례여행기이다. 특히 화가 김준근이 우리나라의 풍습과 문화에 맞춰 삽화를 그렸다. 예를 들어, 순례자가 십자가에 다다라 죄짐을 벗으니 흰옷을 입히는 그림에 보면 천사들의 모습이 선녀들로 그려져 있는 것을 볼 수 있다. 국제성서박물관도 게일이 번역한 한국판 『천로역정』(1910년)과 존 번연의 영문판 『천로역정』(The Pilgrim's Progress, 1889년)을 소장, 전시하고 있다.

김준근 화가의 삽화

이 외에 한국기독교박물관에서 특히 주목할 수 있는 것은 경교(景敎)와 관련된 유물인 '경교 돌 십자가'(Nestorian Stone Cross)이다. 경

경교 돌 십자가

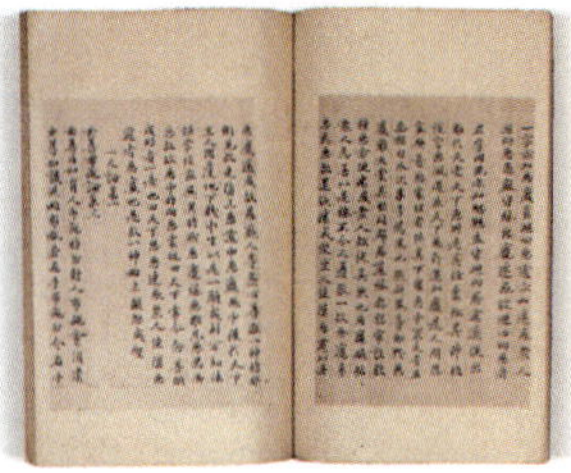

경교성서

교는 '빛의 종교'라는 뜻으로 주후 4세기경 서방교회에서 이단으로 정죄된 네스토리안파가 아라비아를 거쳐 중국에까지 전래된 것이다. 전시실 벽면에 『대진경교유행중국비』(大秦景教流行中國碑)라는 탁본이 전시되어 있다. 당시 중국에서는 로마를 대진국(大秦國)이라고 하였다. '대진경교'(大秦景教)란 "대진국에서 건너온 빛의 종교"라는 뜻이다. 이 경교비는 현재 중국의 서안에 위치한 비림박물관에 있다.

국제성서박물관에도 '대진경교유행중국비문'의 탁본이 있어서 2012년도에 배화여자대학교에서 오세종 목사(한학자)의 '대진경교유행중국비문' 강의를 들은 적이 있다. 그 해에 오 목사는 〈성실서당〉에서 약 1년 동안 '대진경교유행중국비문'을 한 글자씩 판독하며 번역하는 강의를 하고, 2015년에 『경교비문 역해』(서울: 삼필문화사)라는 책을 출판하였다.

경교는 7세기경 중국에 전래되어 당나라 시대에 크게 유행하였는데, 당시 당나라와 빈번한 교류를 하였던 통일신라 시대에 우리나라에도 경교가 전래되었다는 가능성이 제기되고 있다. 특히 불국사와 같은 통일신라 시대의 건축물에서 경교 유물로 보이는 '돌십자가'와

'마리아상' 등이 발견됨으로써 이와 같은 주장을 뒷받침해 주고 있다. 박물관 전시실에서 한문으로 된 『경교성서』(The Chinese Nestorian Scriptures)도 볼 수 있다.

한국기독교박물관에는 『그리스도 신문』(The Christian News), 『감리교회죠례』(Instructions to Methodists) 등, 한국기독교의 역사와 관련한 다양한 문헌 자료들도 전시되어 있어서 한국기독교의 발전과정을 잘 보여주고 있다. 2층 전시실에는 오랜 전통의 숭실대학교 역사를 소개하면서 서양과학기술의 유입과 천문지리학의 발달, 실학 등의 유물들을 전시하고 있으며, 다른 한쪽 편으로는 안중근 의사의 유묵과 3·1 독립선언서 등을 포함한 항일 민족운동 자료들이 전시되어 있다. 3층의 고고미술실에는 선사 시대부터 조선 시대까지의 다양한 유물들이 전시되어 있어서 한국의 문화와 역사를 전체적으로 살펴볼 수 있도록 하였다.

●● 숭실대학교 한국기독교박물관

주소: 서울특별시 동작구 상도로 369

전화: 02-820-0752~3

팩스: 02-823-4733

홈페이지: museum.ssu.ac.kr

협성대학교 성서고고학박물관

성경 시대의
일상생활과 기록문화

1997년 협성대학교 개교 20돌을 맞이하여 개관한 성서고고학 박물관은 기독교 대학의 특성을 살려 성서고고학 유물을 수집, 전시하고 있다. 대학 본관 건물 7층에 위치한 전시실은 크게 세 부분으로 나뉘어 있다. 제1 전시실은 고대 근동의 토기, 제2 전시실은 성경 시대의 일상생활과 관련한 유물들이 전시되어 있고, 제3 전시실에는 성경 시대의 기록문화와 관련한 유물들과 유대교 회당의 제의 용품들과 토라 두루마리들이 전시

설립자 박설봉 감독 부조

양피지에 쓴 토라 두루마리

토라 두루마리와 상자

되어 있다.

'토라'는 창세기부터 신명기까지 다섯 권을 말하는데, 우리말로는 '율법서' 혹은 '모세 오경'이라고 한다. '토라'의 어원은 '야라'로 '가르치다', '교훈하다'의 뜻을 갖고 있다. 그러므로 토라는 그 안에 '계약법전', '성결법전'과 '신명기 법전'이라는 율법들을 갖고 있지만, '가르침'과 '교훈'이라는 의미가 더 강하다.

토라 두루마리는 창세기부터 신명기까지 오경의 본문을 기록한 것으로 송아지 가죽이나 양피지에 기록하였다. 주후 18세기경 양피지에 기록된 토라 두루마리가 있는데, 숙련된 필사자들이 갈대 펜을 이용하여 광물질과 숯에서 추출한 까만 물질에 끈적끈적한 동물의 기름을 섞은 잉크로 한자씩 정성을 들여 기록하였다. 랍비 전통에 따르면 토라를 필사하면서 하나님 명칭이 나올 경우에는 쓰던 붓을 버리고 새 붓으로 갈고, 필사자도 목욕재개를 한 후에 다시 쓰기 시작하였다고 한다. 토라에 하나님 명칭이 대략 5천 번 정도 나온다고 하니 필사자들이 얼마나 정성을 들여 토라를 기록하였는지 놀라울 뿐이다.

18세기경 송아지 가죽에 쓴 토라 두루마리는 높이가 60cm, 이음새까지의 폭은 87.5~90cm로 가죽마다 여섯 단(column)이 들어 있다. 한 단의 폭은 11.5~12cm, 그리고 51cm 높이로 되어 있으며, 각 단마다 52줄로 쓰여 있다. 회당의 토라 두루마리는 가죽이 낡아서 글씨가 희미해지면 새로운 것으로 갈게 되는데 이때 헌 것은 버리지 않고 항아리에 넣어 땅속에 묻었다. 그래서 토라를 묻어 놓은 토라 묘지도 있다. 때로는 편의상 회당 한구석에 모아 놓기도 한다.

낡은 토라들과 기타 제의 문서들을 모아 놓은 창고를 게니자(Geniza)라고 부르며 중세 이후 이러한 회당의 게니자를 통해서 많은 토라 두루마리들이 발견되었다. 이 중에서 가장 유명한 것이 1860년대 발견된 이집트 카이로에 있는 이븐 에즈라 회당의 게니자이다. 1898년 케임브리지 대학의 셰흐터(S. Schechter) 교수가 10만여 장에 달하는 게니자 문서들을 수집하고 연구하였다. 전시실에는 토라 두루마리 5점 외에 부림절에 낭독하는 에스더서 두루마리도 있는데 1750년경 송아지 가죽에 쓴 것이다.

유대교 회당의 제의용품으로는 은으로 된 26.3cm 길이의 토라 지시봉(Torah Pointer), 은으로 된 높이 1.7cm의 향 상자(Spice Box), 황동으로 된 메노라(Menorah, 일곱 촛대)와 가죽으로 된 트필린(Tefillin, 경문) 등이 있다.

박물관 관계자의 안내로 전시실을 둘러보면서 많은 양은 아니지만 고대 이스라엘의 생활상과 현대 유대인들의 신앙생활을 살펴볼 수 있는 귀중한 유물들을 볼 수 있었다. 앞으로 많은 사람이 관심을 갖고 방문하여 박물관이 활성화되었으면 좋겠다는 생각을 가져 본다.

송아지 가죽에 쓴 토라 두루마리

실린더 향수병

제1 전시실에 있는 토기류는 초기 청동기 시대에서 이스라엘 왕국시대인 철기 시대까지의 유물들이 전시되어 있다. 초기 청동기 시대(주전 3300~2250년)는 고대 근동지역에서 역사상 처음으로 문자가 발명되고 정착경제가 가속화되면서 다른 지역과의 교류도 활발해지기 시작하였다. 가나안 남부 지역의 아랏(Arad) 등지에서 발견된 이집트 토기류를 통해 이집트와의 문물교류뿐만 아니라 비교연대 추정도 가능하게 되었다. 팔레스타인 남부 네겝 광야에 위치한 아랏은 초기 청동기 시대의 대표적인 도시이다.

주전 17~16세기 제작된 실린더 향수병은 중기 청동기 시대 유물로 향유 등 값비싼 용액을 담는 용기로 사용되었다. 향수병은 주둥이의 구멍을 아주 작게 하여 물병을 기울였을 때 용액이 한 방울씩 떨어지게 하였다. 토기 표면은 조개껍질로 문질러 광택을 내 토기의 질을 높였다.

제2 전시실에는 성경 시대의 일상생활과 관련한 등잔들, 전쟁 무기류, 향수병 등이 전시되어 있다. 다른 한쪽에는 여러 시대에 걸친 다양한 화폐들이 전시되어 있는데, 유대의 은전과 동전, 그리스-로마 시대의 은전들이 가지런히 놓여 있다. 유대의 은전이나 동전들은 주전 4세기에서 주후 4세기까지 시대별로 소개되고 있는데, 그중에 주전 4세기의 '예후드' 은전(YHD Silver Coins, 주전 400~250년), 하스모니안 왕조의 동전(주전 103~37년), 유대 전쟁의 동전(주후 66~70년) 등이 있다. 예후드 은전은 직경 6~8mm로 된 최초의 유대 동전으로 예루살렘에서 주조된 것이다.

'포로된 유대아'라는 뜻을 가진 라틴어 '유대아 캅타'(Judaea Capta)가 새겨진 은전은 주후 70년 로마가 예루살렘을 함락하고 성전을 파괴한 비극을 상징하고 있다. 은전의 앞면에는 예루살렘을 함락한 로마의 베스파시아누스 황제의 초상이 있고, 뒷면에는 유대인을 상징하는 한 여인이 종려나무(Palm tree) 아래 앉아서 울고 있는 모습이 새겨져 있다. 종려나무 그림은 주전 2세기경 유다 마카비가 헬라의 유대인 박해에 항거하여 봉기를 일으켜 예루살렘을 탈환한 후 만든 동전에도 승리를 상징하는 의미로 새겨 넣었던 것이다. '유대아 캅타' 은전 뒷면에 종려나무 아래 슬피 울고 있는 유대 여인의 모습을 새겨 넣은

동전들을 설명하고 있는 박물관 관계자

바르 코흐바 은전

것은 로마가 예루살렘을 함락한 후 유대전쟁에서 승리한 것을 기념하면서 유대인들을 조롱한 것이라고 할 수 있다.

은전들 중에 특별히 로마의 예루살렘 성전 파괴 후 유대인 반란의 마지막 지도자였던 바르 코흐바(Bar Kokhba) 시대의 은전(주후 132~135년)이 인상적이었다. '바르 코흐바'는 '별의 아들'이라는 뜻으로 132년에서 135년까지 로마에 끝까지 항거하였던 유대인 지도자 시몬의 별칭이었다. 은전의 앞면에는 헤롯 성전의 전면이 조각되어 있고 한가운데에 토라 두루마리를 넣은 토라 벽장이 보인다. 은전의 가장자리에는 히브리어로 혁명 지도자의 이름 '시몬'이 새겨져 있다. 뒷면에는 유대인들이 초막절에 손에 들고 흔드는 네 가지 식물(레 23:40) 중 '종려나무 가지'(lulav)와 '아름다운 나무 실과'(etrog)가 새겨 있고 가장자리에 "예루살렘의 해방을 위하여"라는 히브리어가 쓰여 있다.

제3 전시실에 있는 기록문화의 유물로는 주후 3~5세기경의 남부 아랍어 석비, 주후 5~8세기 사마리아 반지 등이 있다. 성경 시대의 기록물들로는 파피루스나 양피지(parchment), 석비, 여러 종류의 인장, 그리고 토기 조각에 쓰인 오스트라콘(ostracon) 등 다양한 유물들이 발굴되었다. 그 외에 여러 가지 항아리 손잡이 조각들과 성경 시대의 신상들도 일부 전시되어 있다.

●● **협성대학교 성서고고학박물관**

주소: 경기도 화성시 봉담읍 최루백로 72

전화: 031-227-7782

홈페이지: www.hyupsung.ac.kr

전주대학교 호남기독교박물관

호남 선교의
뿌리를 찾아

전주대학교는 2014년 6월 16일 개교 50주년을 맞아 설립자 강흥모 목사의 흉상 제막과 함께 스타타워 1층에 호남기독교박물관을 개관하였다. 최근 기독교선교역사 순례지로 호남지역이 관심을 끌고 있는데, 대표적인 곳이 순천이다. 순천에는 순천시 기독교역사박물관이 있어서 19세기 말 복음이 한국에 들어왔을 때부터 전남 동부지방에 복음의 씨앗이 뿌려지기까지를 한눈에 볼 수 있다. 홍성덕 전주대박물관장(역사문화컨텐츠학과)은 "순천지역을 제외하고는 호남지역에 개신교 역사 문화가 가장 많은 곳이 전주"라고 소개하면서 "앞으로 호남기독교박물관이 전주 지

박물관 개관식 테이프 커팅

역을 중심으로 한 기독교 역사 문화들을 체계적으로 보존함으로써 기독교 역사 문화의 허브기능을 하도록 할 것"이라고 강조했다.

선교사들의 예양협정 지도

1884년 조선을 방문한 일본 주재 미국 북감리교 선교사 맥클레이(Robert Samuel Maclay, 1824~1907)는 고종에게 의료사업과 교육사업을 허락받았고, 그 해 9월 미국 북장로교 소속의 알렌(H. N. Allen, 1859~1932)이 입국하였다. 그리고 1885년 북감리교회의 아펜젤러(Henry Gerhard Appenzeller, 1858~1902) 목사 부부와 장로교의 언더우드(Horace Horton Underwood, 1890~1951) 목사도 입국하였으며, 그 후 호주 장로교, 침례교, 영국성공회, 미국남장로교, 남감리교 등에서도 한국으로 선교사를 파송하였다.

선교사들은 '네비우스 선교정책'에 따라 각 지역의 선교를 전개해 나갔다. 네비우스 선교정책은 "외부의 간섭을 받지 않고"(자치), "외부의 원조를 받지 않고 교회를 운영하고"(자립), "스스로 전도한다"(자전)는 것으로 요약된다. 효율적 선교를 위해 한국에서 활동하던 네 개의 장로교 선교회는 장로교협의회를 결성하였고, 1905년 감리교와 장로교가 선교지역을 분할하는 예양협정(禮讓協定, Comity Agreement)을 맺었다.

1891년 안식년을 맞아 미국으로 돌아간 언더우드 선교사는 미국 각지를 돌며 한국선교사역에 대한 강연을 하였는데, 그의 강연을 듣고 감명을 받은 미국 남장로교회의 루이스 테이트(Lewis B. Tate, 1862~1929, 한국명: 최의덕)와 그의 여동생 메티 테이트(Mattie S. Tate, 1864~1940, 한국명: 최마태), 윌리엄 레이놀즈(William D. Reynolds, 1867~1951, 한국명: 이눌서)와 그의 아내 팻시 볼링(Patsy Bolling, 1868~1962), 윌리엄 전킨(William M. Junkin, 1865~1908, 한국명: 전위렴)과 그의 아내 메리 레이번(Mary Leyburn, 1865~1952), 린니 데이비스(Linnie Davis, 1862~1903) 등이 한국 선교의 꿈을 갖고 선교사 파송에 지원하여 1892년 한국에 도착하였다. 이들은 예양협정에 따라 전라도 지방과 충청도 서남 일대에서 선교활동을 하였다.

1893년 6월 선교사 레이놀즈의 조사 정해원이 전주 은송리에 선교사 주택을 마련하고 첫 예배를 드린 것이 '전주교회'(현 전주서문교회)의 시작이요 호남선교역사의 시작이었다. 한편 1894년 3월 레이놀즈와 의료 선교사 드류(A. D. Drew, 한국명: 유대모)는 서울에서 출발하여 군산, 전주, 영광, 목포, 순천 등을 경유하는 선교여행을 떠났다. 두 달 가량의 여행을 통해 선교사들은 자신들이 해야 할 엄청난 일들이 있음을 눈으로 확인하였다.

호남지역은 네비우스 선교정책의 자치, 자립, 자전 원칙에 따라 지역별로 군산, 전주, 광주, 목포, 순천 선교부로 나누어 선교사들이 활동을 하였다. 예를 들면, 군산선교부는 전킨, 드류, 볼 선교사가, 전주선교부는 테이트, 레이놀즈, 해리슨(W. B. Harrison, 한국명: 하위렴) 선교사 등이 사역을 하였다. 개별 선교부는 전도와 목회를 담당하는 복음 선교사, 학교 운영을 책임졌던 교육 선교사, 의료 분야를 맡은 의사와 간호사들로 구성되었다. 각 선교부의 선교사들은 교육 및 의료활동을 통해 모인 사람들에게 복음을 전하였다. 호남지역 선교부는 구한 말부터 일제강점기까지 이러한 선교의 원칙을 잘 유지해 나갔다.

전주선교부의 경우 동학농민혁명이 끝난 뒤 1895년 레이놀즈와 데이트 남매가 전주로 돌아와 선교활동을 재개하였고 이듬해 전주에 도착한 해리슨과 함께 복음사역과 의료활동을 전개하였다. 그 후 1897년 7월 17일에는 김내윤, 김창국과 여자 강씨 임씨 김씨 등 6명이 세례를 받았는데 이들이 전주교회의 최초교인들이다.

호남은 한국에서 가장 많은 순교자를 배출한 지역이다. 개신교 순교자 1,500여 명 중 절반 이상이 호남 출신의 순교자이다. 일제강점기와 제주 4·3사건, 여순사건으로 많은 사람이 목숨을 잃었으며, 6·25전쟁 중에는 인민재판을 통해 많은 목사와 교인들이 처형되기도 하였다. 6·25전쟁 발발 후 영광군 염산면 일대는 인민군에게 장악되었다. UN군의 상륙 소식이 전해지자 미처 후퇴하지 못한 인민군에 의한 보복이 자행되었다. 인민군들은 야월교회의 주요 인사들을 수장시키고, 교인들을 교회에 가두고 불을 질러 교인 65명을 모두 죽였다. 염산교회에서도 77명을 죽창으로 찔러 죽이거나 목에 돌을 매달아 수장시켰다.

호남기독교박물관에는 1910~1953년 사이에 순교한 호남지역 순교자들의 명단이 기록되어 있다. 그리고 각종 성경을 포함한 기독교 유물 1,000여 점을 전시하고 있다. 호남기독교박물관의 개관과 관련하여 홍성덕 관장은 "먼저 호남

전시실 내부

호남지역 선교사 흉상

특별기획실-성경들

기독교 역사순례의 허브기능을 위한 공간으로 조성해 호남지역 기독교 문화유산 정보화와 순례지 정보 안내기능을 감당한다"면서 "기독교 선교를 위한 기능과 역할로서 선교교육 프로그램의 운영 및 채플수업 연계 등을 활용할 계획이며, 호남선교 역사자료 센터로서 아카이브를 구축해 체계적인 자료수집과 연구지원을 펼쳐갈 계획"이라고 설명한다.

전시실에 들어서면 제일 먼저 미국 남장로교회에서 파송한 7인 선발대의 흉상과 함께 그들의 선교 영상을 접하게 된다. 이어서 호남지역 순교자 발자취를 사진 설명과 영상을 통해서 볼 수 있도록 하였다. 그 외에 선교사 유물, 교회 당회록 등 호남지역 선교 상황과 관련한 유물들을 전시하고 있으며 '성경 필사하기' 체험을 통해 방문객들이 전자펜으로 성경구절을 한 구절씩 쓰도록 하고 있다. 기획전시실에는 다양한 성경들을 전시하고 있다. 박물관을 위해 성경을 포함한 다양한 유물을 수집하고 기증받기 위해 전국을 누빈 전주대학교의 김천식 박사(교회사)는 "여러 교회와 목사님들이 기꺼이 소장하고 있던 성경과 기독교 유물들을 기증해 주었다"고 하면서 "앞으로 인천에 있는 국제성서박물관과 적극적으로 교류할 수 있기를 기대한다"고 말했다.

필사본 성경-내용

필사본 성경-표지

한국교회는 구한말에서 일제 강점기와 6·25전쟁, 그리고 오늘날에 이르기까지 종교뿐만 아니라 한국의 역사와 교육, 그리고 문화에 중요한 일익을 담당하여 왔다. 지금까지 불교나 유교의 유산을 한국의 역사와 문화로 여기고 있는 것처럼, 이제는 한국 기독교의 유산도 한국의 역사와 문화의 중요한 부분으로 인식해야 할 때가 되었다.

●● 전주대학교 호남기독교박물관

주소: 전라북도 전주시 완산구 천잠로 303
전화: 063-220-2159
홈페이지: museum.jj.ac.kr

그리스 메테오라 발람(Barlaam) 수도원 박물관

저 높은 곳을 향하여

메테오라(Meteora)는 그리스의 테살리아 평원 북서쪽 끝에 기이하게 솟아나 있는 거대한 바위 봉우리들을 말한다. 해발 3~4백 미터에 이르는 바위산들은 사방이 깎아 지른 절벽으로 되어 있고 그 꼭대기기에 수도원들이 있다. 데살로니가에서 뵈레아를 거쳐 메테오

메테오라 루사노 수도원

라에 이르렀을 때는 이미 밤이 깊었다. 저녁 늦게 도착하여 호텔에 여장을 풀고 잠시 산책을 나왔는데, 컴컴한 밤하늘에 거대한 병풍 같은 것들이 희미하게 보이고 멀리 밝게 빛나는 십자가가 눈에 띄었다.

다음 날 아침에 일어나 호텔을 나서자마자 눈앞에 웅장한 바위들이 우뚝 솟아 있는 모습에 깜짝 놀랐다. 메테오라는 '공중에 떠 있는', 혹은 '매달린 바위'라는 뜻으로 우뚝 솟은 거대한 바위의 정상에 그리스 정교회의 수도원들이 있다.

13세기에 처음 세워지기 시작하여 전성기인 16세기에는 24개의 수도원이 있었다고 하는데, 현재는 수녀원을 포함하여 7개만이 남아 있으며, 유네스코 세계유산에 등재되어 있다. 지금은 수도원으로 올라가는 길이 마련되어 있지만, 처음 세워질 때는 세상과 차단하기 위해 올라가는 길이 없었으며 깎아지른 절벽으로 도르래를 이용한 밧줄을 통하여 출입하고 물품도 공급을 받았다고 한다.

버스를 타고 가파른 언덕길을 올라가면 바위 절벽 중간 중간에 작

메테오라의 웅장한 바위들

은 굴이 보이는데, 수도사들이 수도했던 곳이라고 한다. 그곳에서 수도사들이 사용하던 많은 필사본이 발견되었다. 메테오라에 있는 수도원들 중에 가장 큰 수도원은 메타모포시스 수도원(The Holy Monastery of the Metamorphosis)인데 화요일엔 일반인들의 출입이 금지되어 두 번째로 큰 수도원인 발람 수도원(The Holy Monastery of Barlaam)을 방문하였다. 그 외의 나머지 수도원들은 밖에서 바라보았는데, 사방이 절벽으로 된 기암괴석의 바위산과 그 위에 있는 수도원들을 보는 것만으로도 웅장함에 압도되었다.

수도원의 수도사들은 검은 사제복을 입고 있는데 독신자들이다. 결혼한 사제들은 흰색 사제복을 입는다고 한다. 검은 사제복은 세상에 대하여 죽은 존재라는 뜻으로 독신 수도사들은 오직 금욕주의적인 명상과 기도를 통해 하나님과의 관계만을 추구하는 사람들이다. 동방교회라 불리는 그리스 정교회는 1054년 교황의 수위권을 둘러 싼 교리적 분쟁 때문에 서방 가톨릭교회와 분리되었으며, 현재 가톨릭교회에서 주장하는 교황무오설 등을 인정하지 않는다.

메테오라에 도착하기 전 사도 바울이 유럽 땅에 첫발을 내디딘 네압볼리 항구의 시내를 산책하면서 언덕 위에 있는 한 정교회를 방문한 적이 있다. 예배당 입구는 서쪽으로 나도록 되어 있고, 동쪽에 지성소가 있어서 휘장으로 가려 놓았다. 지금도 휘장을 가린 채 사제들이 지성소 안에서 성찬을 준비한다고 한다. 평신도들에게 경외감을 주도록 한 것이긴 하지만, 예수님의 십자가 사건으로 휘장이 찢어진 것은 어떻게 이해를 하는지 궁금했다.

발람 수도원은 14세기 중엽 '발람'(Balaam)이라는 수도사가 바위

발람 수도원으로 올라가는 밧줄

발람 수도원 전경

에 올라가 작은 굴과 조그만 예배처소를 지어 죽을 때까지 지냈다고 한다. 그가 죽은 후에 오랫동안 폐허로 남아 있다가 16세기 초에 넥타리오스(Nektarios)와 테오파니스(Theophanis)라는 두 형제 수도사들이 이곳에 오면서 점차 수도사들이 늘어나기 시작하였다.

지금은 절벽의 바위를 깎아서 수도원으로 오르는 길을 만들어 놓아 어렵지 않게 수도원으로 들어올 수 있었다. 그러나 예전에 사용하였다는 도르래와 밧줄이 있는 곳에 서니 아래쪽이 깎아지른 절벽으로 되어 있다. 이곳에서 사람들이 밧줄을 타고 올라오는 것이 수도원으로 들어올 수 있는 유일한 통로였다.

수도원의 벽은 사방으로 절벽과 맞닿아 있으며, 예배당을 포함한 여러 시설이 갖추어져 있었다. 예배당의 벽면은 온통 이콘(icon)으로 그려져 있는데, 심판의 날, 영광 중에 계신 그리스도 등 다양한 성화들로 채워져 있었다. 특이한 것은 예배당으로 들어오는 입구 안쪽 벽에 관에 누워있는 백골을 바라보는 수도사의 그림이 있었다.

백골은 한때 세계를 제패했던 알렉산더 대왕의 시신으로 세상의

수도원 입구에 있는 이콘

백골이 된 알렉산더를 바라보는 수도사

부귀와 권세가 덧없음을 보여주고 있다. 빈손으로 백골이 된 채 관에 누워있는 알렉산더의 모습은 아마도 세상과의 인연을 끊고 이곳에서 묵상하면서 그 그림을 바라보는 수도자들에게 큰 위안과 깨달음을 주었으리라고 생각되었다.

예배당 옆에 있는 방에는 1만 2천 리터나 되는 큰 포도주 통이 있었다. 16세기에 만들어진 것으로 수도사들이 수도원 아래에서 포도농사를 지으며 만든 포도주로 세상 사람들에게 팔아 필요한 물품을 조달하는 데 사용하였다고 한다. 이 포도주는 아마도 최상품으로 사람들에게 많은 인기가 있었을 것이다.

포도주 통을 보고 밖으로 나와 계단을 내려가니 박물관이 나온다. 작은 방 두 개에 설치된 전시대에는 16~17세기의 다양한 이콘(icon)들이 진열되어 있고, 수도사들이 사용하였다는 필사본들이 있다. 주로 복음서들이었는데, 양피지에 쓰인 복음서들과 은으로 만든 표지로 된

박물관에 전시된 필사본들

희랍어로 된 필사본

성경을 읽고 있는 수도사

복음서 등이 있다. 그날 방문하지 못했던 가장 큰 수도원인 메타모포시스 수도원에는 가장 오래된 861년도 희랍어 필사본이 있다고 한다. 수도원에 있는 필사본 성경들은 세상과의 인연을 끊고 오직 묵상과 기도로 일생을 보내는 수도사들에게 있어서 생명의 말씀이다.

"저 높은 곳을 향하여 날마다 나아갑니다. 내 뜻과 정성 모아서 날마다 기도합니다. 내 주여 내 맘 붙드사 그곳에 있게 하소서. 그곳은 빛과 사랑이 언제나 넘치옵니다."

네덜란드 성서야외박물관

유럽에서 경험한 **성지순례**

독일에서 목회하던 1996년 교인들과 함께 이스라엘 성지순례를 한 적이 있다. 그때 받은 감동이 아직도 남아 있다. 우리를 안내하던 가이드가 성지순례는 제5복음서라는 말을 하였는데, 신약성경의 네 복음서에 기록된 예수님의 생애를 2천 년 전 예수님께서 친히 말씀하시고, 이적을 행하셨던 곳에서 직접 체험하는 것이기 때문이었다.

성서야외박물관(Bijbels Openluchtmusuem)은 독일 국경에서 멀지 않은 네덜란드 네이메헌(Nijmegen)이라는 도시에 위치해 있다. 1994년 네덜란드 로테르담에서 유럽지역 감리교 목회자 모임이 있어 차로 가던 도중에 들른 적이 있다. 당시 넓은 땅에 이스라엘 성지의 여러 건물과 가축들을 그대로 옮겨 놓은 듯한 야외박물관은 참으로 인상적이었다.

성서야외박물관은 1911년 수이스(A. Suys, 1870~1941) 목사에 의해 세워졌다. 그는 이스라엘 성지순례의 코스에 따른 건축물들을 종합적으로 세우면서 이곳을 방문한 사람들이 복음의 의미를 직접 체험할 수 있도록 하였다. 1916년에서 1918년 사이에 '작은 마을'과 '골고다 언덕'이 만들어졌으며, 그리고 1930년대에 '회당', '빌라도 궁전', '산헤드린' 등이 완성되었다.

입구로 들어서면 본관 건물이 있는데, 본래는 수이스 목사가 십자가 형태의 바실리카 양식으로 교회를 건축하려 하였던 것으로 일부만 건축된 채 완공을 보지 못하였다. 현재는 성경 전시관으로 사용되고 있다. 본관을 지나 안으로 들어서면 대략 주전 150년에서 주후 150년 사이 성경 시대의 다양한 건축물들을 접할 수 있다.

성서야외박물관에서 가장 중요한 것은 당연히 성경이다. 성경은 구약과 신약으로 되어 있고, 구약을 유대인들은 타낙흐(Tanakh)라고 부른다. 타낙흐(Tanakh)는 구약성경을 구성하고 있는 토라(Tora, 율법서), 느비임(Nebiim, 예언서), 케투빔(Ketubim, 성문서)의 첫 글자들을 딴 것이다.

구약의 이스라엘 백성들은 주전 587년 바벨론에 의해 예루살렘이 함락되고 성전이 파괴된 이후 많은 사람이 포로생활을 하게 되었다. 주전 539년 바벨론을 멸망시킨 페르시아의 고레스 왕이 바벨론 포로민들로 하여금 자기 땅으로 다시 돌아갈 수 있도록 허락하였다. 귀환한 포로민 공동체들에 의해 성전이 다시 재건되면서 유대인 사회가 형성되었으며 에스라가 가져온 율법서가 공동체의 핵심적 역할을 하게 되었다(느 8장). 그 이후 유대인들은 페르시아와 그리스 시대를 거쳐 로마의

회당

토라 두루마리

지배를 받게 되었다. 그러나 유대인들과 로마의 갈등으로 인해 주후 70년 예루살렘 도시와 성전이 로마에 의해 완전히 파괴되어버리고 만다. 성서야외박물관에는 회당이 있고 그곳에는 토라 두루마리가 전시되어 있으며, 일곱 촛대로 된 성전의 등대인 메노라(Menorah)도 볼 수 있다.

로마의 지배 아래 있으면서 유대인 공동체 안에 새로운 종교가 형성되었는데, 나사렛 출신의 예수를 그리스도(메시야)로 믿고 따르는 사람들에 의해 형성된 기독교였다. 초기 기독교는 유대교와 로마에 의해 극심한 박해를 받았지만, 주후 50년에서 150년 사이에 신약성경이 형성되었다. 그중에 먼저 쓰이기 시작한 것들은 데살로니가전서를 비롯한 사도 바울의 서신들이며, 그 이후 복음서들이 쓰였다. 주후 125~150년 사이에 쓰인 것으로 추정되는 요한복음서 이집트 파피루스 조각이 발견되었으며, 이곳에서 1477년에 출판된 『네

1477년 네덜란드 성경

덜란드 성경』을 볼 수 있다. 사진은 그 성경의 창세기 첫 번째 장이다.

야외박물관에는 다양한 형태의 성경 시대 건축물들이 있다. 본관을 지나 오른쪽으로 가면 제일 먼저 마을에 들어선다. 넓은 야외광장을 좀 더 편하게 다닐 수 있도록 작은 기차도 운영을 하는데, 이곳은 나사렛 역(Station Nazareth)으로 첫 번째 역이다. 이곳에는 일반 가정집들과 상점들, 그리고 회당과 성벽들이 있다. 주전 150년에서 주후 150년 사이에 이스라엘 주택은 구약시대의 전통적인 가옥 외에 그리스와 로마의 영향을 많이 받았다.

유대인 회당은 영어로 '시나고그'(Synagoge)라고 하는데, 헬라어에서 유래한 것으로 "함께 모이는 곳"이라는 뜻이다. 히브리어로는 '베트 하 크네셋'(Beth ha-Knesset)이라고 한다. 유대인들은 회당에 모여 기도하며 토라를 배우고 공부한다. 회당에 들어가면 양쪽에 사람들이 마주 보고 앉는 자리가 있고 앞쪽 중앙에 계단을 갖춘 강단이 있다. 회당에서 가장 중요한 것은 토라(Torah, 오경) 두루마리이다.

회당에서 가장 안쪽에 작은 방이 있는데, 그곳에는 토라 두루마리를 넣은 상자가 있고, 밖에서 볼 수 없도록 휘장으로 가려 놓았다. 휘장에는 '다윗의 별'이 수놓아져 있다. 그 모습은 마치 법궤가 안치된 성전의 지성소와 같은 느낌이었다. '다윗의 별'은 다윗의 고대 히브리어 글자 Δ(달레트) 두 개를 위아래로 겹쳐 놓은 것이다.

다윗의 별

마을을 지나면 목동들이 양을 치던 목초지가 나온다. 그곳에는 목동들이 머물던 천막과 양떼들을 지켜보던 망대가 있다. 이곳에 서면 목동이었던 다윗이 양을 돌보던 모습을 상상하면서 길 잃은 양과 같은 우리들을 돌보시는 목자이신 예수님의 마음을 생각해 보게 된다. 이곳 정류장의 이름은 가버나움 역(Station Kafarnaum)이다.

계속해서 예수님 당시 세리의 집과 공공 건물이 나오고 이어서 갈릴리 호수와 같은 넓은 호수가 나온다. 이곳 정류장의 이름은 갈릴리 호수 서쪽에 있었던 마을 이름인 디베랴 역(Station Tiberias)이다. 호수 한쪽으로 어촌 마을이 형성되어 있어서 베드로와 안드레, 야고보와 요한 등, 어부였던 예수님의 여러 제자의 삶을 엿볼 수 있다. 이곳에는 물고기도 살고 있는데, 그중에 '베드로 물고기'로 알려진 '틸라피아'(Tilapia)도 있다.

1996년 이스라엘 성지 순례를 갔을 때 갈릴리 호숫가에 있는 식당에서 점심으로 틸라피아 요리를 먹은 적이 있다. 어른 손바닥 만한 크기의 고기로 비늘이 약간 거칠고 두껍다는 느낌이 있었지만, 맛은 그런대로 괜찮았고 양도 부족하지 않았던 것으로 기억한다.

예수님께서 베드로와 함께 가버나움에 오셨을 때 회당 앞에서 성

호수

베드로 물고기 요리

전세를 받고 있던 사람이 베드로에게 "너의 선생은 반 세겔을 내지 아니하느냐"고 하였다. 예수님께서 "아들이 아버지의 집에 가는데 무슨 세를 내느냐"고 하시면서 그래도 그들이 실족하지 않도록 하기 위해 베드로로 하여금 고기를 잡도록 하셨다.

> "네가 바다에 가서 낚시를 던져 먼저 오르는 고기를 가져 입을 열면 돈 한 세겔을 얻을 것이니 가져다가 나와 너를 위하여 주라 하시니라"(마 17:27)

호수와 어촌 마을을 지나면 큰 도시가 나오는데 정류장의 이름은 예루살렘 역(Station Jerusalem)이다. 그곳에는 빌라도 총독의 관저와 돌로 포장된 넓은 길이 있다. 그 외에 앗수르와 이집트, 그리스와 로마의 건축물들이 연이어 있어서 구약에서 신약에 이르기까지 고대 제국들의 건축물들을 산책하면서 여유 있게 둘러볼 수 있다. 그리고 구약시대 이스라엘의 전통적인 집인 '사방가옥'(four room house)과 유대인 공의회인 산헤드린도 둘러볼 수 있다.

성서야외박물관은 2007년에 오리엔탈 공원 박물관(Museumpark Orientalis)으로 개명한 후 대대적으로 재건축을 하여 2012년에 새롭게 선보였다.

●● 홈페이지: www.museumparkorientalis.nl

암스테르담 성서박물관

성막과 성전, 네덜란드 최초의 성경들

암스테르담 성서박물관(Amsterdam bijbels museum)은 네덜란드에서 가장 오래된 박물관 중 하나이다. 박물관은 17세기에 만들어진 운하 옆에 위치해 있는데, 멀지 않은 곳에 『안네의 일기』로 유명한 유대인 소녀 안네의 집도 있어서 함께 찾아볼 수 있다. 150여 년 전 샤우텐 목사(The Rev. L. Schouten, 1828~1905년)가 개인적으로 수집한 것들을 일반인들에게 공개하면서 시작된 박물관은 1975년 운하 옆에 헤렌그라하트(Herengracht) 길을 따라 두 개의 아름다운 건물로 세워지고, 베아트릭스(Beatrix) 공

성서박물관 전경

성막모형

법궤모형

주에 의해 재개장되었다. 동시에 박물관은 크게 확장되고 교육적인 내용이 강화되었다.

암스테르담 성서박물관에 관심을 갖게 된 것은 그곳에 1/5 성막 모형과 유물들이 전시되어 있기 때문이었다. 성막 모형은 성서박물관의 설립자인 샤우텐 목사의 지도에 따라 만들어진 것으로 1백 년이나 오래된 것이다. 그래서 일반인들에겐 잘 공개하지 않는 것인데, 독일에서 목회할 때 성막 강의로 유명한 갈보리 교회 강문호 목사께서 암스테르담 성서박물관을 방문한다는 소식을 듣고 몇몇 성도들과 함께 동행한 적이 있었다. 그때 성막 모형을 자세하게 살펴볼 수 있는 기회를 가졌다. 2010년 국제성서박물관에 부임한 후 당시의 기억을 되살려 1/25 성막 모형을 제작하여 전시하고 있다.

암스테르담 성서박물관에는 성막 모형과 그와 관련한 여러 유물뿐만 아니라 네덜란드의 가장 오래된 성경들과 여러 형태의 예루살렘 성전 모형들, 그리고 성경 시대의 다양한 고고학적 유물들이 전시되어 있다. 특별히 주목할 만한 것은 종교개혁자들의 동상과 성경들이 전시되어 있어서 유럽의 종교개혁과 성경의 역사를 살펴볼 수 있다.

전시실 내부

성경 시대의 고고학적 유물들

박물관에는 성경 시대의 팔레스타인과 이집트의 생활상을 볼 수 있는 다양한 유물들이 있다. 성경 시대의 가옥이 실물 크기로 재현되어 있으며, 당시에 사용되었던 물병과 등잔, 그리고 동전 등을 볼 수 있다. 그리고 헤롯성전에서 나온 바위와 주전 1세기에서 주후 2세기 사이의 것으로 보이는 유대인 석관도 볼 수 있다. 이 석관은 예루살렘에 있는 동굴에서 발견된 것으로 무덤에서 모은 유골을 모아둔 것이거나 해외에서 죽은 유대인의 유골을 거룩한 도성인 예루살렘에 장사지내기 위해 사용하였던 것으로 보인다.

이집트는 이스라엘 백성들이 4백 년 동안 종살이를 하다가 출애굽 한 곳이기도 하지만, 성경 시대에 이스라엘의 역사와 밀접한 관계를 갖고 있던 강대국이었다. 박물관에는 이집트의 오시리스(Osiris), 이시스(Isis)와 그녀의 아들 호루스(Horus) 신상, 그리고 미라 등이 전시되어 있으며, 인간의 모습으로 만들어진 나무로 된 이집트 관들도 있다. 다신론을 숭배하는 이집트 신화에 의하면, 선한 신인 오시리스가 악한 동생인 세트(Seth)에 의해 죽임을 당하고 나일 강에 버려졌다. 다행히 오시리스의 부인인 이시스가 오시리스의 관을 찾아내 오시리스는 다시 살아났다. 이시스의 아들인 호루스가 악한 신인 세트에게 복수를 하고 이집트의 왕이 되었다. 그 후에 오시리스는 죽은 자의 세계를 통치하였다. 박물관에 전시된 신상들은 주후 4세기경 청동으로 제작된 것들이다. 그리고 주전 6세기경에 제작된 것으로 보이는 대리석으로 된 타하이(Tahai)의 비문과 출애굽과 관련된 람세스 2세(주전 1290~1224년 통치)의 두상도 전시되어 있다.

예루살렘 성전 모형들

성막 모형과 예루살렘 성전 모형들은 박물관 설립자인 샤우텐 목사의 교육적 목적을 잘 보여주는 대표적인 것들이다. 1870년에 제작한 예루살렘 도시 모델은 주후 1세기경 예루살렘의 모습을 한눈에 볼 수 있도록 하고 있다. 이것은 예수님 당시의 예루살렘의 모습으로 동쪽에 헤롯(Herod) 성전이 있고, 그 곁에는 안토니아(Antonia) 요새가 있어서 로마 군인들이 성전을 감시하도록 하였다. 예루살렘 성전산(the Temple Mount) 모델은 1878~9년에 제작된 것인데, 1/200의 비율로 만들어졌다. 주후 661년 이슬람 사람들이 솔로몬 성전이 있던 자리에 세운 오마르 모스크(The Mosque of Omar)는 아랍의 초기 건축기술을 볼 수 있는 대표적인 건물이다.

솔로몬 성전 모형은 여러 모델이 있는데, 다양한 형태로 되어 있어서 흥미롭다. 먼저 성경에 기록된 내용에 기초하여 만든 솔로몬 성전 모형이 있으며, 그 옆에는 1730년경 데이빗 밀(David Mill) 교수에 의해 제작된 솔로몬 성전의 모델이 전시되어 있다. 그리고 1865년에 제작된 헤롯성전의 모형이 있다. 우리가 잘 알고 있는 대로 솔로몬 성전은 주전 587년 바벨론에 의해 파괴되었다. 바벨론 포로생활에서 돌아온 사람들이 파괴된 성전을 재건하여 주전 515년에 봉헌하였다. 그리고 로마제국 통치시대인 주전 37년에서 4년 사이에 헤롯 왕이 성전을 크게 확장하였다. 이것이 헤롯성전이다. 헤롯 성전은 주후 70년 로마군에 의해 불타버리고 말았다. 이곳에는 성전 모형들 외에 유대인들의 종교 생활을 엿볼 수 있는 메노라(Menorah), 하누카(Hanukkah) 등대, 유월절 접시(Seder plate), 양각 나팔(Ram's horn), 기도할 때 사용하는 테필린(Tefillin) 등 다양한 유물들도 전시되어 있다.

네덜란드 최초의 성경들

박물관에는 『실버 성경』(The Silver Bible, 360년, 고딕어), 『불가타 성경』(382년, 라틴어), 『구텐베르크 성경』(1450년, 라틴어)의 복사본들과 함께 1477년 네덜란드에서 인쇄된 가장 오래된 성경(the Delft Bible)과 1637년 최초의 『네덜란드

데이빗 밀 교수의 성전 모형

최초의 네델란드 공인성경(1637년)

1477년 네덜란드 성경

성경의 은장식 겉표지

공인 성경』(the Dutch Bible)이 전시되어 있으며, 그 외 희귀본인 7개의 『참회 시편』과 마르틴 루터 독일어 성경을 네덜란드어(Dutch)로 번역한 『리스벨트 성경』(The Liesveldt Bible, 1535년) 등, 다양한 성경들을 볼 수 있다. 네덜란드 성경의 번역은 네덜란드의 독립 역사와 밀접하게 결부되어 있으며 네덜란드 언어의 발전에도 중요한 역할을 하였다.

그리고 전시장 한쪽에 네덜란드 로테르담 출신으로 종교개혁에 영향을 준 인문주의자 에라스무스(1466~1536년) 동상과 독일의 종교개혁자 마르틴 루터의 동상도 있다. 에라스무스는 신약성서를 라틴어와 그리스어로 새롭게 다시 번역하였으며, 교회 성직자의 권한 남용과 교황무오설을 비판하였던 개혁가 중 한 사람이었다. 박물관에 전시된 에라스무스 동상은 나무로 만든 것으로 18세기에 제작되었다.

네덜란드의 수도 암스테르담을 방문하는 사람이라면 꼭 방문해야 할 명소 중 하나인 안네 프랑크의 집도 가까운 곳에 있으니 함께 들러볼 것을 권한다. 박물관으로 꾸민 안네 프랑크의 집에는 세계 2차 대전 당시 유대인 소녀 안네가 숨어 지냈다는 골방을 직접 볼 수 있다.

●● 성서박물관

주소: Herengracht 366-368, 1016 CH Amstterdam

전화: +31 20 624-2436 홈페이지: www.bijbelsmuseum.nl

●● 안네 프랑크의 집

주소: Westermarkt 20, 1016 GV Amsterdam

전화: +31 20 556 7105 홈페이지: www.annefrank.org

터키 이스탄불 고고학박물관

이방 땅에서 만난 **성경의 역사**

2013년 10월 터키의 이스탄불(Istanbul)을 방문하였다. 이스탄불하면 성 소피아 사원(Hagia Sophia)이 유명하지만, 국제성서박물관에 복제품이 있는 실로암 비문(Siloam Inscription)의 원본을 보고 싶은 간절한 마음에 이스탄불 고고학 박물관(Istanbul Archaeological Museum)을 방문하였다. 터키는 공화국으로 이슬람교를 국교로 택하고 있지는 않지만, 전 국민의 98%가 이

이스탄불 고고학 박물관 표지판

이스탄불 고고학 박물관 전경

슬람교인이다. 이스탄불 고고학 박물관은 알렉산더 대왕(Alexander the Great)의 석관, 시돈 왕 타브니트(Tabnit) 석관 등, 온갖 종류의 많은 유물과 함께 한때 서쪽의 모로코부터 동쪽의 아제르바이잔, 북쪽의 우크라이나에서 남쪽의 예멘에 이르는 광대한 영역을 지배했던 오스만 터키 제국의 영화를 보여주고 있다.

알렉산더 석관

가데스 조약

이스탄불 고고학 박물관이 소장, 전시하고 있는 수많은 유물 가운데 가장 주목할 만한 것은 가데스 조약(The treaty of Kadesh)과 실로암 비문(Siloam Inscription)이다. 가데스 조약은 주전 1259년 지금의 터키 지역을 지배했던 히타이트(성경에는 헷 족속으로 나옴)의 하투실리스 3세(Hattushilis III)와 이집트의 파라오 람세스 2세(Ramesses II) 사이에 맺은 협정으로 국가 간에 상호불가침을 명시한 세계 최초의 국제평화조약이다.

그러나 나의 관심은 실로암 비문이었다. 전시실 3층에 있는 실로암 비문은 앗수르 왕 산헤립의 예루살렘 포위 공격에 대비하여 유다의 히스기야 왕이 지하터널을 만들었다는 성경의 기록이 역사적 사실임을 입증하는 중요한 고고학적 자료이다.

이스라엘은 솔로몬이 죽고 난 후에 남북으로 분열되었다. 에브라임 지파의 여로보암이 세운 북쪽은 유다와 베냐민을 제외한 10지파가 나라를 이루었기 때문에 북이스라엘 왕국이라고 하고, 솔로몬의 아들 르호보암이 지배하는 남쪽은 유다가 중심이었기 때문에 유다 왕국이라고 불렀다. 북이스라엘은 주전 722년 앗수르에 의해 멸망을 당했다.

앗수르인 동상

701년 봄 앗수르 왕 산헤립이 유다 왕국을 공격했다. 라기스를 포함한 유다 왕국의 대부분을 점령한 산헤립은 유다 왕국의 수도인 예루살렘을 위협하였다. 유다의 히스기야 왕은 산헤립의 공격에 대비하여 예루살렘 성 밖 기드론 골짜기에 있는 기혼 샘에서부터 지하 터널을 파서 성 안에 있는 실로암 연못으로 물을 안전하게 끌어들이는 공사를 하였다.

기혼 샘은 예루살렘에서 물이 솟아나는 유일한 샘이다. 평소에 예루살렘 주민들이 성 밖에 있는 기혼 샘의 물을 뜨기 위해 드나들던 문이 수문(watergate)이다. 느헤미야 8장에 보면, 바벨론 포로에서 귀환한 사람들을 수문 앞 광장에 모아 놓고 학사 겸 제사장인 에스라가 나무강단에서 율법을 낭독하자 다 같이 통곡하며 회개하는 역사가 일어났다.

성 밖에 있는 기혼 샘의 물이 지하수로를 통해 성 안으로 흘러와 생긴 연못이 실로암 연못이다. '실로암'의 어원은 '샬라흐'라는 동사로 '보낸다'(to send)라는 뜻이다. 그러므로 실로암은 기혼 샘에서 보낸 물로 만들어진 연못이라는 뜻이 된다. 예수님은 눈먼 자에게 진흙을 이겨 눈에 바르시고 "실로암 못에 가서 씻으라"(요 9:7)고 하심으로 눈을 뜨게 하신 이적을 행하기도 하셨다.

예루살렘 주민들이 평소에는 기혼 샘의 물을 뜨러 성 밖으로 나갈 수 있었지만, 전쟁이 나면 성문을 굳게 닫고 항전해야 했기 때문에 성 밖에 있는 기혼 샘의 물을 안전하게 성 안으로 끌어들여 확보해야 할 필요가 있었다. 이에 유다 왕 히스기야는 성 밖의 기혼 샘에서 실로암 연못에 이르는 견고한 지하터널을 뚫음으로써 물을 안전하게 확보하였던 것이다.

1838년 미국의 성서지리학자 로빈슨(Robinson)이 처음으로 기혼 샘에서부터 좁은 터널을 따라 실로암까지 탐사하였다. 그로부터 약 30년 후 영국의 고고학자 찰스 워렌(Charles Warren)도 '히스기야 터널'을 처음부터 끝까지 탐사하였다. 이때 기혼 샘의 터널 안쪽에서 땅 위를 향해 수직으로 뚫려 있는 갱도(Warren's shaft)를 발견하였는데, 히스기야가 터널을 만들기 전에 예루살렘 주민들이 성 안에서 기혼 샘의 물을 뜰 수 있는 우물의 역할을 했던 것 같다. 워렌은 다윗이 이 갱도를 통해 몰래 예루살렘 성 안으로 들어감으로써 여부스 족속이 난공불락의 요새라고 자랑했던 예루살렘을 점령할 수 있었다고 보았다.

그리고 1880년 여름 어느 날 실로암 못에서 물놀이를 하면서 더위를 식히고 있던 아이들 중 하나가 물이 흘러나오는 지하 터널 안으로 들어갔다. 6m 정도 들어갔을 때 그 아이는 터널 입구에서 들어오는 빛으로 벽의 글씨를 볼 수 있었다. 이렇게 해서 발견된 실로암 비문은 고대 히브리어로 모두 여섯 줄에 2백 자가 적혀 있는데, 기혼샘과 실로암, 양쪽 끝에서 터널을 뚫어 오던 사람들이 중간에서 함께 만나는 상황을 묘사하고 있다.

실로암 비문

실로암 비문에 쓰여 있는 고대 히브리어

"3 규빗쯤 남았을 때 반대편에서 상대방을 부르는 목소리가 들렸다. 터널이 뚫렸을 때 동료를 얼싸안고 도끼를 서로 부딪쳤다. 물은 샘으로부터 1천2백 규빗을 흘러나왔다."

규빗(Cubit)은 고대 근동에서 사용하던 길이의 척도로 어른의 팔꿈치에서 손끝까지의 길이를 말한다. 지하 터널의 실제 길이를 재니 533m였다. 그래서 구약시대 이스라엘 사람들이 사용하던 1규빗이 오늘날 대략 45cm 정도 되는 것으로 확인되었다. 히스기야 터널은 고대 이스라엘 토목공학의 진수를 보여주는 난공사였다. 길이 533m인 지하 터널의 기울기는 0.06%로 기혼 샘과 실로암 연못의 고저 차이가 고작 32cm였다. 이는 당시의 토목 기술이 얼마나 뛰어났는가를 보여주는 예라고 할 수 있다.

성경에 따르면, 예루살렘을 포위했던 앗수르 왕 산헤립은 결국 예루살렘을 함락시키지 못하고 본국으로 돌아갔다. 영국의 대영제국박물관이 소장하고 있는 6각형으로 된 산헤립의 원통형 비문(Sanherib cylinder)에 보면, 산헤립의 유다 침공에 대해 상세하게 기록하고 있는데, 그곳에는 히스기야가 항복하고 조공을 바침으로 예루살렘을 공격하지 않고 돌아갔다고 되어 있다.

비잔틴 유적

실로암 비문은 발견된 지 10년 후인 1890년 예루살렘에 거주하던 한 그리스인이 터널로 들어가 이 비문을 떼어내 예루살렘의 한 골동품 상점에 비문 조각들을 팔아넘겼는데, 소문을 접한 오스만 터키 당국이 이 유물을 압수하여 이스탄불의 제국박물관으로 옮겨 놓았다. 현재는 이스탄불 고고학 박물관이 소장하고 있다. 지금도 이스라엘에서는 터키 정부에 실로암 비문을 반환해 줄 것을 요청하고 있다.

박물관을 둘러보고 나오다가 박물관 바깥 뜰에 십자가 문양이 새겨진 비잔틴 시대 유적들이 여럿 있는 것을 보았다. 박물관 밖에 아무렇게나 세워져 있는 유적들에 새겨진 십자가를 바라보면서 이스탄불이 원래는 1천 년 동안 동로마 제국 비잔틴의 수도 콘스탄티노플(Constantinople)로 찬란한 기독교 문화를 꽃피웠던 곳이었다는 생각과 함께 안타까운 마음이 들었다.

●● 홈페이지: www.istanbularkeoloji.gov.tr

그린 수집품(Green Colleciton)

하나님의 말씀을 향한 **순례의 길**

그린 수집품(Green Collection)은 자선사업가 스티브 그린(Steve Green)이 수집한 성경과 관련 유물들 약 4만여 점을 소장하고 있다. 그린은 미국에 전국적인 체인망을 갖고 있는 하비 로비(Hobby Lobby) 상점의 회장으로 2009년 11월에 처음으로 성경 관련 유물을 사들이기 시작하여 각종 희귀한 성경들과 단편들, 그리고 다양한 성경 유물들을 수집하였다. 이 성경들과 유물들은 '패시지'(Passeges)라는 이름으로 미국 내에서뿐만 아니라 해외에도 순회전시를 열고 있다.

2017년 미국의 수도인 워싱턴DC에 성서박물관(the Museum of the Bible)을 개관하기 전인 2016년 1월 27일에 스티브 그린(Steve Green) 회장과 캐리 섬머스(Cary Summers) 관장이 국제성서박물관을 방문하였다. 당시에는 미국의 콜로라도 스프링스(Colorado

Springs)에서 순회전시를 하고 있었다.

고대 유대교 회당 전시실

약 4만 스퀘어피트의 넓은 전시장에 다양한 주제를 갖고 시대별로 약 450여 점이 전시되어 있는데, 전시실은 여러 개의 방으로 구성되어 있었다. 그중에 특별히 흥미로운 곳으로는 고대 회당(The Ancient Synagogue), 성 제롬의 동굴(St. Jerome's Cave), 구텐베르크 인쇄소(Gutenberg's Print Shop) 등이 있으며, 종교개혁 영상실(The Reformation Theater), 틴데일의 처형(Tyndale's Execution) 등 다양한 내용들을 마치 당시의 현장에 있는 듯한 느낌을 가질 만큼 현실감 넘치도록 꾸며 놓았다.

2011년 미국 오클라호마에서 『제임스왕역』(King James Version) 400주년 기념 전시회를 개최하기도 했던 그린 수집품 관장 스캇 캐롤(Scott Th. Carroll) 박사는 2013년 한국을 방문하여 한국에서의 순회전시 가능성을 타진하기도 하였다.

고대 회당 전시관(The Ancient Synagogue Exhibit Gallery)은 주전 10세기 다윗 시대부터 주후 20세기에 이르는 자료들과 유대교 관련 유물들이 전시되어 있다. 전시관은 1932년 시리아의 듀라-유로포스(Dura-Europos)에서 발굴된 회당을 모델로 하였는데, 아람어로 쓰인 비문에 따르면 주후 244년에 세워진 것으로 보인다. 회당의 특징은 벽면이 성경의 내용을 주제로 한 그림들로 채워져 있다는 점이었다. 주후 256년 페르시아의 공격에 대비하여 회당의 서쪽 벽을 모래로 채웠는데, 그대로 묻혀 있다가 현대에 와서 발굴된 것이다.

전시물 중에는 사해의 쿰란지역에서 발굴된 창세기 32장 3~7절 두루마리 단편(주전 1세기), 파피루스에 쓰인 칠십인역(LXX) 사무엘상 1장 헬라어 본문 단편(주후 3세기 초), 토라(Torah) 두루마리, 16세기 에스더 두루마리 등 희귀본들이 있다. 그 외에 청동으로 된 일곱 촛대 형상이 있는 18세기의 상자와 화려하게 장식된 19세기 토라 덮개 등이 있다.

성 제롬의 동굴

성 제롬의 동굴(St. Jerome's Cave)로 꾸며진 방에는 한쪽에 동굴 속 사자의 형상이 있고 성 제롬이 책상에 앉아 성경을 번역하고 있는 실물 크기의 인형이 전시되어 있다. 제롬은 히브리어와 아람어를 배워 382년에서 405년까지 베들레헴에서 성경을 라틴어로 번역하였다. 제롬은 교황 다마수스 1세(Pope Damasus I)로부터 일반인들을 위해 성경을 라틴어로 번역하라는 명령을 받았다. 그때까지 라틴어 성경은 70인역 헬라어 성경에서 번역한 것이었기 때문에 제롬은 구약의 원어인 히브리어와 아람어에서 직접 라틴어로 번역하기로 하였다. 당시 많은 수도사가 베들레헴 주변의 언덕에 동굴을 파고 살고 있었기에 제롬은 베들레헴만큼 성경을 번역하기에 적절한 장소는 없다고 생각하고 그곳으로 와서 번역작업을 하였다. 제롬이 번역한 라틴어 성경을 불가타

성 세실리아 라틴어 성경

안셀름의 시편 주석

(Vulgate)라고 하는데, 5세기 초엽에 완성하였다.

이곳에는 성 제롬을 기리면서 9세기 중엽에서 15세기에 이르는 모든 라틴어 성경과 주석들을 전시해 놓았다. 그중에는 『성 세실리아 라틴어 성경』(St. Cecilia Latin Bible, 9세기), 『하템 불가타』(Hattem Vulgate, 15세기), 안셀름(Anselm)의 『시편 주석』(프랑스, 12세기 말) 등 희귀본들도 있다.

구텐베르크 인쇄소(Gutenberg's Print Shop Exhibit Gallery)는 구텐베르크 인쇄기 실물 크기 모형과 함께 다양한 성경들을 전시하고 있다. 이 인쇄기는 실제로 작동하고 있으며 안내자가 방문객들을 위해 인쇄기의 기능을 설명해 주고 있다. 보통 두 사람이 일하고 있는데, 한 사람은 잉크를 칠하고 다른 한 사람은 종이를 판 위에 올린 다음 인쇄기에 넣고 눌러 찍어내는 일을 한다. 그렇게 해서 인쇄된 종이는 잉크가 마를 때까지 줄에 걸어 놓는다.

구텐베르크 인쇄기

구텐베르크가 금속활자로 된 인쇄기를 발명한 때인 1450년에서 1500년은 유럽에 르네상스의 바람이 불던 시기였다. 인쇄기를 통해 책을 대량으로 출판하여 보급함으로써 독서의 대중화와 지식의 폭발적인 증가를 가져오게 되었으며, 마르틴 루터(Martin Luther), 존 칼빈(John Calvin) 등, 개혁자들의 종교개혁운동에도 지대한 영향을 끼치게 되었다. 이곳에 가면 1454년에 처음으로 인쇄된 『구텐베르크 성경』 원본의 일부 페이지, 1473년 토마스 아 켐피스(Thomas à Kempis)의 『그리스도를 본받아』(Imitation of Christ) 등도 볼 수 있다.

토마스 아 켐피스
『그리스도를 본받아』

종교개혁 영상실에는 1516년 에라스무스(Erasmus)의 헬라어와 라틴어 신약성경과 1517년 루터(Luther)가 비텐베르크 성문에 붙인 「95개조 반박문」이 바깥쪽에 전시되어 있고, 방 안쪽에는 에라스무스, 루터, 엑크와 같은 종교개혁자들의 사진이 벽면에 붙어 있다. 영상으로는 그들의 논쟁에 관한 비디오 등을 상영하고 있다.

비텐베르크 전시실(Castle Tower Wittenberg Exhibit Gallery)은 루터가 비텐베르크성 교회 탑(Castle Church Tower)에서 공부하던 것을 모델로 꾸며놓았다. 루터는 이곳에서 그의 유명한 로마서 강해를 준비하였다. 이곳에는 1522년에 출판된 루터의 독일어 『신약성경』이 전시되어 있다. 이 성경은 루터가 로마 교황청에 의해 파문된 이후 바르트부르크(Wartburg) 성에 있는 조그만 방에 숨어 지내면서 독일어로 번역한 최초의 성경이다.

바르트부르크는 동독에 속해 있었는데, 1990년 독일이 통일된 이후 방문할 기회가 있어서 찾아간 적이 있다. 큰 성은 아니지만, 성으로 올라가는 길을 제외하곤 사방이 깎아지른 절벽으로 되어 있는 천연적인 요새였다. 성채에 올라 밖을 보니 넓은 들판이 눈에 들어와 적들이 쳐들어 올 경우 멀리서도 쉽게 알아볼 수 있다는 생각을 하였다.

성벽 중간에 성탑이 있는데 좁은 계단을 따라 올라가니 작은 방이 하나 있었다. 방에는 책상과 의자, 벽난로와 간이침대가 있는데, 조그만 독방처럼 느껴졌다. 책상 위 벽면에 루터의 초상이 있어 이곳이 루터가 머물렀던 곳임을 말해주고 있었다. 루터가 죽음의 위협 속에 작은 방에 숨어 지내면서 성경을 독일어로 번역하던 모습을 상상해 보면서 하나님의 역사가 얼마나 크고 놀라운지를 다시 한 번 생각하게 되었다.

마르틴 루터 독일어 신약 성경

루터의 신약성경은 독일어 성경의 역사에 있어서 이정표와 같았고, 종교개혁의 성공에도 지대한 영향을 끼쳤을 뿐만 아니라 독일어의 발전에도 중요한 공헌을 하였다. 그 이후 루터는 1523년에서 1534년 사이에 구약성경을 히브리어에서 독일어로 번역하였다.

틴데일의 처형

윌리엄 틴데일(William Tyndale) 전시실은 성경을 원어에서 직접 영어로 번역하다가 이단으로 몰려 화형을 당하는 틴데일(Tyndale)의 순교 장면이 꾸며져 있다. 전시실에는 틴데일과 관련한 성경 자료들을 볼 수 있다. 스코틀랜드의 종교개혁자 존 낙스(John Knox)의 제네바 전시실(Geneva Chapel Exhibit Gallery)에는 1560년 『제네바 성경』(Geneva Bible)을 비롯하여 1535년『커버데일 성경』(Coverdale Bible), 1537년 『매튜 성경』(Matthew's Bible) 등이 있으며, 그 옆 전시실에서는 1611년 『제임스 왕역』(King James Version) 등 많은 중요한 성경들을 볼 수 있다.

이 모든 유물은 2017년 11월 18일(토) 미국 워싱턴DC에 개관한 성서박물관(Museum of the Bible)에 새롭게 전시되어 있다. 우리 박물관을 방문하였던 스티브 그린 회장의 초청을 받아 2017년 11월 17일(금)에 개최한 워싱턴DC 성서박물관 개관식과 그랜드 오프닝(Grand Opening) 행사에 참석하였다.

국제성서박물관을 방문한 스티브 그린 회장(좌) 일행

미국 워싱턴DC 성서박물관(Museum of the Bible)

오클라호마에 본사를 두고 순회전시를 해 오던 그린 수집품은 2017년 11월 18일(토) 미국의 수도인 워싱턴DC의 국회의사당에서 멀지 않은 4번가에 정식으로 '성서박물관'(Museum of the Bible)을 개관하였다.

2017년 11월 17일(금) 오후 5시 30분 리셉션을 시작으로 6시 30분에 개최한 그랜드 오프닝 만찬에서 미국 가톨릭교회 삐에트로 빠롤린(Pietro Parolin) 추기경은 프란시스코 교황의 축하 인사를 대신 전하였다. 침례교의 릭 워렌(Rick Warren) 목사는 축사를 통해 성서박물

워싱턴DC 성서박물관(Museum of the Bible) 그랜드 오프닝과 개관 행사 참석

관 개관이 하나님의 축복 속에 이루어졌음을 강조하면서 다함께 성서 박물관의 비전과 발전을 위해 기도하자고 하였다.

박물관은 지하 1층에서 지상 5층까지 다양한 주제의 전시실들을 갖추었는데, 수많은 전시 공간에 방대한 유물을 전시하고 있는 것뿐만 아니라 현장감 넘치는 전시와 오디오 가이드, 그리고 영상 시설 등, 첨단 기술을 활용하여 관람객들이 효과적으로 관람할 수 있도록 해 놓았다.

지하 1층 특별전시실에는 '어메이징 그레이스'를 지은 존 뉴톤의 일대기와 그와 관련한 다양한 유물들을 전시하고 있으며, 1층에는 어린이들을 위한 체험교육실이 마련되어 있다. 2층부터 4층까지는 '성경의 영향'(the Impact of the Bible), '성경의 이야기'(the Stories of the Bible), '성경의 역사'(the History of the Bible)를 주제로 전시되어 있으며, 5층에는 공연장이 있어 '어메이징 그레이스' 뮤지컬을 공연하였다.

구텐베르크 인쇄기를 비롯한 여러 성경들이 전시된 것은 물론 최초로 성경을 영어로 번역한 존 위클리프를 시작으로 윌리엄 틴데일이 번역한 성경, 『커버데일 성경』, 『큰 성경』, 『제네바 성경』, 『감독성경』, 『제임스왕역』에 이르기까지 영어 성경의 번역사를 한 눈에 볼 수 있다.

링컨 대통령과 성경

또한 미국의 초대 대통령 조지 워싱턴과 남북전쟁을 승리로 이끌며 노예해방을 선언한 아브라함 링컨 대통령, 그리고 흑인 민권운동의 지도자 마르틴 루터 킹 목사 등을 소개하면서 성경이 미국 역사에 끼친 영향을 상세하게 다루고 있다.

'성경의 이야기' 전시실에는 갈릴리 호수를 주변으로 나사렛의 일반 가정, 회당, 올리브기름을 짜는 곳 등을 재현해 놓아 예수님 당시의 삶의 모습을 직접 체험해 볼 수 있도록 해 놓았다.

근처에 있는 스미소니언박물관과 비교해도 뒤지지 않을 만큼 큰 규모를 자랑하는 미국 워싱턴DC의 성서박물관을 둘러보면서 이스라엘 히브리 대학교 요세프 가핑켈(Josef Garfinkel) 교수와 예루살렘 바이블랜드 박물관 아만다 바이스(Amanda Weiss) 관장을 만나 인사를 나누었다. 그리고 저녁 만찬에서는 VIP 후원자들과 박물관 관계자들을 만나 대화를 나누며 유익한 시간을 가졌다. 워싱턴DC에서의 일정을 마치고 샌프란시스코에 온 후 미주 교민 신문인 「미주 한국일보」와 「크리스천 타임즈」 등에 성서박물관에 관한 소개를 하였다.

바이블랜드 박물관 아만다 바이스 관장

히브리 대학교 요세프 가핑켈 교수

●● 워싱턴DC 성서박물관

주소: 400 4th St. SW., Washington, DC 20024, USA

홈페이지: www.museumofthebible.org

프랑스 루브르 박물관

고대 근동 유물과 **성경의 세계**

프랑스 파리의 중심가에 위치한 루브르 박물관(Le musée du Louvre)은 소장품의 양과 질에서 대영제국박물관과 함께 세계적인 박물관이다. 현재의 박물관은 12세기 필립 2세의 명으로 착공된 뒤 1672년 루이 14

2015년 6월 루브르 박물관을 방문한 유럽 종교개혁 성지순례팀

루브르박물관 전시실

세가 베르사유 궁전에 거주하면서 루브르 왕실의 수집품을 전시하기 위한 장소로 쓰도록 한 루브르 궁을 개조하여 만들었으며 박물관 앞에 유리 피라미드 조형물이 있는 것이 특징이다.

루브르 박물관에 전시된 가장 대표적인 작품은 '모나리자'이지만, 밀레의 '이삭줍기' 등 세계적인 작품들이 수없이 많으며, 고대 근동(Near East)의 다양한 유물들도 소장, 전시하고 있다. 독일 하이델베르크 대학교에서 공부할 때 루브르 박물관을 방문하여 성경과 관련된 많은 유물을 연구한 적이 있다.

구데아의 성전건축 계시

루브르 박물관의 고대 근동 유물 전시실에서 고대 메소포타미아 지역과 시리아-팔레스타인 지역에서 발굴된 다양한 성경 관련 유물들을 볼 수 있다. 고대 메소포타미아 전시실에서는 주전 2120

년경으로 추정되는 수메르 왕 구데아(Gudea)의 동상이 있다. 머리 부분은 없어졌지만 두 손을 모으고 의자에 앉아 있는 구데아(Gudea)의 형상을 보면, 구데아가 꿈에 닝기르수(Ningirsu) 신이 보여준 거대한 신전 '에-닌누'(*E-ninnu*)의 설계도를 무릎에 올려놓고 있다. 이것은 성경에서 여호와 하나님이 모세에게 성막의 모양을 보여주신 것(출 25:9)이나 다윗에게 예루살렘 성전의 설계도를 보여주신 것(대상 28:19)과 유사하다.

함무라비 법전

다음 전시실에는 함무라비 법전(Code of Hammurabi)이 전시되어 있다. 함무라비 법전은 미국의 워싱턴DC에 있는 스미소니언 자연사박물관과 성서박물관, 캘리포니아 산호세에 있는 이집트 박물관 등에 전시된 것들도 본 적이 있다. 함무라비 법전은 주전 1792년에서 1750년에 바빌론을 통치한 함무라비 왕이 반포한 고대 바빌로니아의 법전이다. 쐐기 문자로 된 아카드어로 기록되어 있다. 비문을 보면 상부에 함무라비 왕이 부조로 조각되어 있고 그 아래에 쐐기 문자로 법전이 새겨져 있다. 함무라비 법전은 수메르의 '우르남무 법전'이 발견되기 전까지 세계에서 가장 오래된 성문법으로 알려졌었다.

함무라비 법전에는 "눈에는 눈 이에는 이"라는 동해복수법(同害復讐法)과 같이 모세의 율법과 비슷한 것들이 있다. 그래서 비평가들은 모세가 그의 법을 함무라비 법전에서 빌어 왔다고 주장하기도 한다.

모압 석비

모압 석비의 내용을 설명하고 있다

모세 율법과 함무라비 법전을 비교해 보면 모세 율법이 인권을 존중하는 측면에서 훨씬 발전된 것임을 알 수 있다.

시리아-팔레스타인 지역(Levant)에서 주목할 만한 것은 모압 석비(Moabite Stone)이다. 모압의 수도 디본(Dibon)에서 발견된 모압 석비는 모압 왕 메사의 전승 업적을 기록한 것이기 때문에 '메사 비문'(Mesha Stele)이라고도 부른다. 이 석비는 주전 840년경에 만든 것으로 높이 115cm, 폭이 68cm의 검은 현무암에 고대 모압어 1천 자가 34줄로 새겨져 있다. 모압어는 히브리어와 같은 가나안 방언이다.

바알 신상

모압 석비가 처음 발견된 것은 1868년인데, 석비의 가치를 알지 못한 아랍인 주민들에 의해 부서져 버리고 말았다. 다행스러운 것은 그 전에 프랑스인 클레르몽 가노가 아랍인 친구에게 부탁해 석비의 탁본을 만들어 놓은 것이 있어, 석비의 부서진 조각들을 모아 프랑스 파리의 루브르 박물관으로 옮겨 놓았다. 그가 모은 조각은 57개로 전체의 3분의 2 분량이지만, 탁본을 토대로 나머지 부분을 복원하였다.

모압 석비의 내용은 열왕기하 3장에 기록된 것과 같은 역사적 사건을 다루고 있다. 또한 모압 석비는 성경 이외의 자료 중에 하나님 명칭인 '야훼'(여호와)가 기록된 가장 오래된 고고학적 유물로 고대 이스라엘 역사와 문자를 연구하는데 있어서 매우 소중한 자료이다.

국제성서박물관도 2014년에 모압 석비를 복제하여 전시해 놓았다. 비록 모사품이지만, 아시아에서는 유일한 것으로 박물관 관람객들에게 큰 관심을 끌고 있다.

금송아지

시리아-팔레스타인 전시실에는 가나안 종교와 관련한 천둥과 번개의 신 바알 신상과 금송아지 형상도 전시되어 있다. 바알은 성경에도 자주 등장하는 가나안 종교의 대표적인 신이다. 금송아지 형상은 아론이 시내산 아래에서 만들었다는 성경의 기록(출 32장)이 있고, 이스라엘 왕국 시대에는 솔로몬이 죽은 후 왕국이 분열되었을 때 북이스라엘의 여로보암 왕이 벧엘과 단에 성소를 건축하고 금송아지 형상을 만들어 섬기도록 하였다.

또 한 가지 주목할 만한 것은 북시리아 지중해변의 '텔 라스 샤므라'(Tell Ras Shamra)에서 발굴된 고대 우가릿(Ugarit)의 제의용품인데 주전 13~12세기 후기 청동기 시대의 것으로 석류들이 아래에 달려 있다.

제사 도구

구약시대 이스라엘 대제사장은 세마포 속옷에 청색으로 된 에봇 받침 겉옷을 입었는데, 겉옷 아래에 금방울과 석류를 돌아가면서 달려 있었다. 학자들은 이스라엘 대제사장 의복에 달린 석류가 이 제의용 기구에 달려 있는 석류의 모양과 같은 것이 아니었을까 추측한다.

고대 근동지역에서 석류는 거룩한 식물로 제사용품이나 신전벽화에 자주 등장한다. 솔로몬 성전에 있는 보아스와 야긴 두 놋기둥의 둥근 머리도 석류로 장식되어 있었으며, 고대 근동의 앗수르바니팔 왕의 신전 벽화에도 석류가 종려나무(Palm tree)와 함께 생명나무의 상징으로 묘사되어 있다.

이집트 전시관에는 거대한 스핑크스가 전시되어 있는데, 그 어깨에 이집트 파라오 시삭(Shishak)의 이름이 새겨져 있다. 시삭은 성경에도 여러번 등장하는데 솔로몬 왕 때 에브라임 지파의 여로보암이 이집트로 피신하여 시삭에게 갔다는 기록이 있다(왕상 11:40). 그리고 루브르의 스핑크스에 람

스핑크스

메르납타비문

세스 2세(Ramesses II)의 아들 메르넵타(Merneptah) 왕의 이름도 새겨져 있다. 메르넵타는 주전 1213년부터 1203년까지 통치한 것으로 알려져 있는데, 오늘날 그의 비문으로 유명하다.

메르넵타 비문(Merneptah Stele)에는 상형문자로 '이스라엘'이라는 명칭이 27번째 줄에 나오기 때문이다. 그 내용을 보면 "아스글론은 사로잡혔고, 게셀은 장악되었다. 야노암은 아예 존재하지 않는 것처럼 되었다. 이스라엘은 황폐해졌고, 그 씨가 말랐다."(Israel is laid waste, his seed is not)라고 되어 있다. 여기서 '아스글론', '게셀'과 '야노암'은 지명이고, '이스라엘'은 인명이다. 이는 주전 13세기경 팔레스타인에 '이스라엘'이란 이름 가진 유력한 집단이 있었다는 것을 보여주는 중요한 증거가 된다.

●● 루브르 박물관(Louvre Museum)

주소: Rue de Pivoli, 75001 Paris, France

홈페이지: www.louvre.fr

미국 내셔날 스타인벡 센터(National Steinbeck Center)

자기 고향을 **세계인의 마을로 만든 사람**

캘리포니아의 대표적인 도시 샌프란시스코(San Francisco)에서 하이웨이 101을 타고 남쪽에 있는 로스앤젤레스(LA)를 향해 약 2시간 정도 달려가면 살리나스(Salinas)라는 농촌 마을이 나온다. 지금은 도시화된 살리나스는 노벨문학상 수상자인 미국의 대표적인 문호 존 스타인벡(John Steinbeck)의 고향이며, 『에덴의 동

내셔날 스타인벡 센터 전경

쪽』을 포함한 많은 작품의 배경이 되는 곳이다.

존 스타인벡은 자신이 살았던 농촌 마을인 살리나스의 계곡과 농장, 그리고 언덕에 있는 목장에 관한 이야기들을 쓰고 싶어 하였으며, 그는 자신의 글을 통해 자기 마을의 밭과 들, 언덕과 해안을 세계 모든 이들의 마을로 만들었다. 1700년대 말부터 살리나스 분지에 목장들이 형성되면서 사람들이 모이기 시작하여, 설탕 공장이 들어서고 넓은 밭에는 양상추들이 재배되었다. 제2차 세계대전 중 일본군의 진주만 폭격으로 인해 미국 내 일본인 3,856명을 강제로 이주시키면서 1942년 4월부터 7월까지 살리나스 목장 터에 임시로 수용하기도 하였다.

고등학교 때 성경에 나오는 가인과 아벨을 모티브로 한 존 스타인벡(John Steinbeck)의 소설 『에덴의 동쪽』을 읽었던 기억이 있다. 그의 소설을 영화로 만든 『에덴의 동쪽』에서 반항아적인 이미지로 열연한 제임스 딘(James Dean)을 생각하면서 살리나스를 찾았다. 살리나스 구도시(old city) 중심가인 메인 스트릿 1번지(One Main Street)에 위치한 "내셔날 스타인벡 센터"(National Steinbeck Center)는 1998년 연방기금과 캘리포니아 패카드 재단의 기금으로 건립되었다.

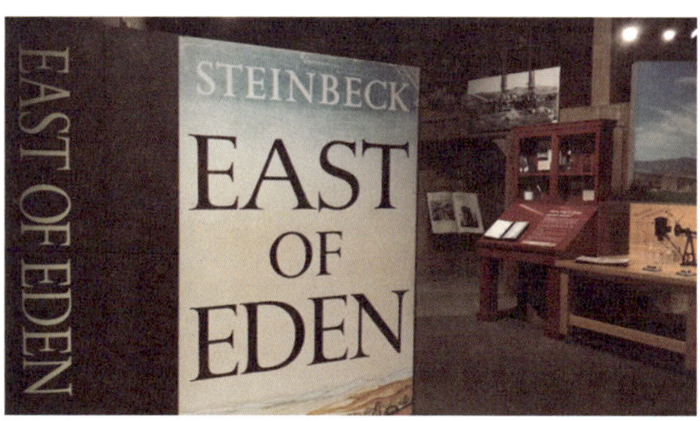

'에덴의 동쪽' 전시실

존 스타인벡 묘지 표지판

존 스타인벡 묘지 동판

오전 9시쯤 도착한 나는 먼저 존 스타인벡의 묘지가 있는 공동묘지 '추억의 정원'(Garden of memory)을 찾았다. 공동묘지는 생각보다 넓었다. 존 스타인벡의 묘지가 어디에 있는지 몰라서 공원 관리인에게 물어보았더니 자기 차를 따라오라고 한다. 관리인은 존 스타인벡의 묘지 앞에까지 친절하게 인도하여 주었다. 그곳에는 존 스타인벡의 묘지를 가리키는 작은 표지판이 있었다. 이 표지판이 없다면 찾기 어려울 만큼 존 스타인벡의 묘는 공동묘지 한쪽 편에 있었다. 그의 묘는 가족 묘지 안에 〈존 스타인벡, 1902~1968〉이라고 쓴 작은 동판이 하나 있을 뿐이었다. 주변의 다른 묘지들과 비교해 보아도 지극히 평범하게 꾸며진 그의 묘지를 보면서 왠지 모르게 가슴이 뭉클하여 한동안 그 곁에 앉아 그의 삶과 작품들에 대해 생각해 보았다. 존 스타인벡은 뉴욕에서 사망하였지만 그의 유언에 따라 살리나스의 부모 곁에 함께 묻혔다. 그의 장례식에는 퓰리처상 수상작이기도 한 그의 소설을 영화화한 '분노의 포도'에 출연했던 영화배우 헨리 폰다(Henry Fonda)가 조사를 읽었다고 한다.

다시 시내로 돌아온 나는 내셔날 스타인벡 센터를 찾았다. 입구를 들어서면 왼쪽편에 존 스타인벡 갤러리(John Steinbeck Gallery)가 있다. 같은 건물 안에 살리나스 농업 박물관도 있지만, 이날은 문을 열지 않았다. 존 스타인벡 갤러리에는 그가 생전에 집필했던 원고와 영화화된 작품 사진 및 그의 생전 생활 모습과 여행지, 그리고 노벨상 수상 사진 기사와 기념 사진 등 각종 자료가 전시되어 있다.

전시실 입구

갤러리 입구에는 의자에 앉아 글을 쓰기 위해 생각에 잠긴 듯한 존 스타인벡의 조각상이 관람객을 맞이한다. 옆에는 그가 쓴 책들의 제목들이 전시되어 있다. 전시실의 전시 기법은 한 개인의 일생, 작품세계와 활동들을 시대별로 소개하고 있다는 점에서 다른 기념관과 크게 다를 바가 없었다. 그의 가계도와 가족들에 대해 소개한 사진 설명을 지나면 그의 소설을 영화화한 '에덴의 동쪽' 장면들과 제임스 딘의 사진이 있는 영화 포

'가인과 아벨' 설명

존 스타인벡의 노벨상 수상 관련 자료들

스터들이 먼저 눈에 띈다. '분노의 포도', '생쥐와 인간' 등 그의 많은 작품이 영화화되었고, 그중에 아카데미상을 수상한 것이 네 편이나 된다. 나는 특별히 그의 소설과 영화 '에덴의 동쪽'이 성경의 '가인과 아벨'을 모티브로 한 것이라고 해서 흥미를 가졌던 기억이 있다.

존 스타인벡의 일생은 1902년 살리나스에서 태어나 1968년 뉴욕에서 운명할 때까지 자유와 모험으로 가득 찬 여정이었다고 할 수 있다. 미지의 세계에 대한 열정은 1962년 애완견 찰리와 함께 작은 캠핑카를 타고 미국 전역을 다니며 쓴 여행기(Travels with Charley)에서도 볼 수 있다. 작은 트럭으로 1만 마일 이상을 여행하는 것이 결코 쉬운 일은 아니었지만, 미지의 곳을 향해 나아가며 새로운 것을 보고 듣고자 하였던 그의 열정이 있었기에 가능하였다.

1962년 존 스타인벡은 노벨문학상 수상자로 선정되었는데, 노벨상 위원회는 존 스타인벡이 멕시코 노동자들에 대한 연민과 제2차 세계대전 당시 미국 내 일본인들이 강제 수용된 것을 반대하는 등, 억압당하는 자들과 곤경에 처한 사람들 편에 서고, 그의 작품을 통해서 보여준 자연과 흙, 산과 들, 해안가에 대한 그의 위대한 감성을 높이 평가하였다. 뮤지엄 숍(museum shop)에 들러 귀국하는 비행기에서 읽을 요량으로 멕시코 전래 이야기를 쓴 그의 소설 『진주』(The Perl)와 몇 권의 책을 구입하였다.

마지막으로 스타인벡 센터에서 멀지 않은 곳에 위치한 존 스타인벡 생가를 방문하였다. 스타인벡 하우스(Steinbacke House)는 지금 식당(Restaurant)으로 사용되고 있는데 오후 2시까지만 운영하고 있어서 안에 들어가 보지는 못하고 밖에서 기념사진만 하나 찍었다.

그리고 차를 타고 영화 '에덴의 동쪽'에서 제임스 딘이 어머니를 몰래 보기 위해 기차를 타고 갔던 몬트레이(Monterey)를 향해 출발했다. 몬트레이도 북가주의 대표적인 관광지 가운데 하나이지만, 특별히 몬트레이에서 산타크루즈를 거쳐 샌프란시스코로 가는 1번 국도는 태평양 해안의 절경을 보여주는 아주 멋진 길이다.

●● 내셔날 스타인벡 센터

주소: 1 Main St. Sallinas, CA 93901, USA

홈페이지: steinberck.org

독일 구텐베르크 박물관

금속활자 인쇄기의 발명과 성경의 가치

구텐베르크 동상

2018년은 금속활판 인쇄기를 발명한 요하네스 구텐베르크(Johannes Gutenberg)가 서거한 지 550주년이 되는 해이다. 구텐베르크는 사망연도(1468년)만 알려져 있을 뿐 출생연도나 무덤이 어디에 있는지 조차 모른다.

독일을 방문할 기회가 있어서 마인츠(Mainz)에 있는 구텐베르크 박물관을 찾아 관계자들을 만나 전시실을 관람하고 대화할 기회를 가졌다. 마인츠는 구텐베르크의 고향으로 구텐베르크 박물관은 그의 생가에서 멀리 떨어지지 않은 곳에 위치해 있다.

구텐베르크 박물관은 1901년 6월 23일 최초로 설립되었는데, 제2차 세계대전 때 일부 파괴되었다가 1945년 보수작업을 하였으며, 1962년 지금의 박물관으로 이전하였다. 구텐베르크 박물관이 있는 마인츠는 독일 라인 강 변에 위치한 도시로 라인란트팔츠 주의 수도이다. 마인츠는 독일의 국제공항이 있는 산업, 경제의 중심도시 프랑크푸르트에서 서쪽으로 약 45km 정도 거리에 있다.

마인츠는 2천 년 역사를 가진 오랜 도시이지만, 지금은 구텐베르크 도시라고 해도 과언이 아닐 만큼 구텐베르크의 흔적이 곳곳에 있다. 2018년 7월 3일 하이델베르크에서 시외버스를 타고 마인츠 중앙역에 내린 후 도시 구석구석을 구경할 겸 걸어서 구텐베르크 박물관을 찾아갔다.

도중에 넓은 광장이 있고 그 가운데 구텐베르크 동상이 서 있었다. 이곳은 구텐베르크 광장으로 불리는데, 구텐베르크 동상 맞은편에

마인츠 대성당

는 마인츠 극장이 자리 잡고 있다. 구텐베르크 동상에서 사진을 찍으려고 서성거렸더니 지나가던 독일 사람이 사진을 찍어주겠다고 친절하게 다가왔다.

구텐베르크 광장에서 멀지 않은 곳에 마인츠 대성당(Mainzer Dom)이 웅장하게 자리 잡고 있다. 마인츠 대성당은 신성로마제국의 두 번째 황제인 오토 2세(Otto II)에 의해 1037년 로마네스크 양식으로 지어졌으며 쾰른 대성당, 트리어 대성당과 함께 독일의 3대 성당 중 하나이다. 대성당 앞에는 거대한 철제 기둥과 로마인들이 파 놓았다는 우물이 아직 그대로 있다.

대성당을 돌아 한쪽으로 가니 구텐베르크 박물관이 나온다. 구텐베르크 박물관에서는 지하 1층 구텐베르크 인쇄기를 시연하는 곳을 제외한 모든 전시실 내부의 사진 촬영을 금하고 있다.

클라우스 메이봘트 박사

박물관 연구소에 근무하는 클라우스 메이봘트(Claus Maywald) 박사가 반갑게 맞아 주어 함께 대화를 나누게 되었다. 그는 한국의 『직지심체요절』이 현존하는 세계 최초의 금속활자본임을 인정한다. 『직지심체요절』은 1377년에 처음 인쇄되었기 때문에 구텐베르크가 독일 마인츠에서 성경을 인쇄하기 시작했을 때보다 78년이나 앞섰다.

대한민국은 1992년에 『직지심체요절』을 인쇄한 청주의 흥덕사

터에 '청주고인쇄박물관'을 건립하여 한국의 인쇄술발달을 널리 알리고 있다. 『직지심체요절』은 2001년 9월 4일 유네스코 세계기록유산에 등재되었다.

메이빌트 박사는 한국이 금속활자의 발명에 앞서기는 했지만, 금속활자 인쇄술(Printing technique)은 구텐베르크가 발명한 인쇄기를 통하여 급속도로 발전해 나갔다는 점을 강조하였다.

한국에서는 이미 고려 시대에 금속활자를 만들었지만 책의 인쇄와 출판은 국가가 독점함으로 책의 보급이 제한되었고, 금속활자 기술이 한국 사회에 특별한 영향을 끼치지 못했다. 그러나 유럽에서는 구텐베르크가 금속활자 인쇄기를 발명한 후 50년 동안 4만 종이 넘는 책이 발간되고 인쇄소도 250여 개가 넘었다고 한다.

독일의 마르틴 루터가 1517년 10월 31일 로마 교황청의 면죄부 판매에 대한 「95개조 반박문」을 비텐베르크 성문에 붙이면서 촉발된 종교개혁이 성공할 수 있었던 것도 구텐베르크 이후 인쇄술의 급속한 보급으로 인해 그의 종교개혁 사상이 신속하게 유럽 전역으로 퍼져 나갔기 때문이었다.

메이빌트 박사는 구텐베르크 서거 550주년을 맞아 9월에 개최될 특별전을 기획하고 있다. 특별전에는 한국의 중요한 고서 몇 점도 전시될 예정이라고 한다. 구텐베르크 박물관은 최초의 금속활자본인 『직지심체요절』과 관련한 청주의 고인쇄박물관과 밀접한 교류를 하고 있어서 앞으로 국제성서박물관과도 관계를 맺을 수 있기를 요청하였다. 이미 한국을 방문한 적이 있는 그는 앞으로 한국을 다시 방문할 기회가 있으면 국제성서박물관에 들러 구텐베르크 관련 유물들을 살펴보

활자 조판

구텐베르크 인쇄기

기로 하였다.

구텐베르크 박물관은 1층 전시실에 다양한 성경들을 전시하고 있는데, 사진 촬영을 할 수 없어서 아쉬웠다. 2층에는 중국관과 한국관 등, 아시아의 발달된 인쇄문화를 보여주는 고문서들도 전시해 놓았다. 전시실을 둘러본 후 지하 1층에 내려오니 중앙에 구텐베르크 인쇄기가 있고 학생들이 둘러앉아 선생님의 설명을 듣고 있었다. 학생들의 체험이 끝난 후 인쇄기사 미하엘 소보타(Michael Sobotta) 씨가 곁에서 인쇄과정을 하나씩 자세하게 설명해 주었다.

납으로 활자를 주조하는 것부터 인쇄하기까지의 과정은 생각보다 단순하고 빨랐다. 불에 녹인 납을 글자 모형 틀에 부으면 금방 굳어져 글자 하나가 완성되었다. 조판할 때 크게 세 부분으로 나누어 검은색, 붉은색과 파란색 잉크를 각각 칠한 후 조합을 하여 위에 종이를 놓고 누르니 한 페이지 안에 세 가지 색깔로 깔끔하게 인쇄되어 나왔다.

대부분의 구텐베르크 성경은 총 1,286페이지에 2권으로 인쇄되었다. 180권 중 135권은 종이에 인쇄되었으며, 나머지는 양가죽이나 송아지 가죽으로 만든 양피지(parchment)에 인쇄되었다. 구텐베르크 성경 한 권을 인쇄하는데 약 170장의 송아지 가죽이 필요했다고 한다. 구텐베르크 성경의 인쇄는 일정한 것이 아니라 활자의 조판이나 장식에 차이가 있었다. 성경을 소유한 사람들이 전문 필경사로 하여금 독특한 제목이나 각 장의 머리글자를 직접 손으로 그리도록 하고, 화가를 고용하여 화려한 그림을 그려 넣기도 하였다. 구텐베르크 성경은 현재 전 세계적으로 49권만 존재하고 있으며, 1987년에 구텐베르크 성경 한 권이 540만 달러(약 60억 원)에 경매되었는데, 만약 지금 경매에 나온다면 최소 3천5백만 불(약 400억 원) 이상은 될 것이라고 말한다.

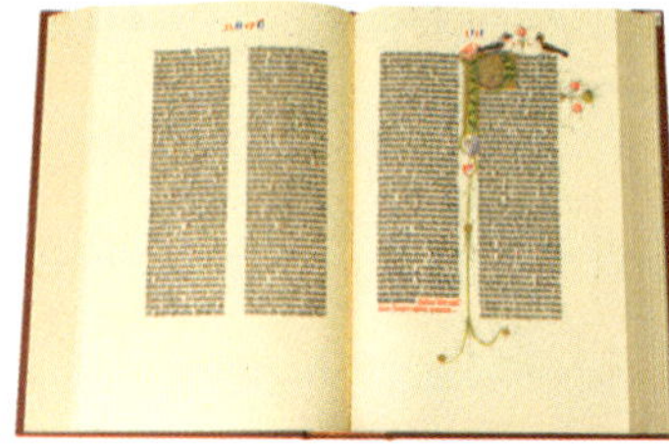

구텐베르크 성경 영인본

이 가격은 구텐베르크 성경이 유럽에서 금속활자 인쇄기로 인쇄된 최초의 책이라는 희귀 고서의 측면에서 평가한 가치이다. 그러나 성경은 값으로 계산할 수 없는 인류의 가장 소중한 유산이다. 성경은 기독교인들에게 거룩한 경전이요 살아계신 하나님의 말씀이다. 초대교회 때부터 지금까지 하나님의 말씀을 지키고 보존하기 위해 수많은 사람이 목숨을 아끼지 않고 순교의 피를 흘렸다.

또한, 성경은 세계기록문화역사에 있어서도 빼놓을 수 없는 소중한 기록유산이며, 인쇄술과 서구 문명의 발전에 지대한 영향을 끼쳤다. 영어 성경이 영문학사에 끼친 영향이나 독일어 성경이 독일어 문법의 기초를 닦은 것이나 체코 성경이 체코의 민족의식을 고취시킨 것 등 성경의 영향력은 이루 헤아릴 수 없을 만큼 많다.

2004년에 상영된 영화 〈투모로우〉(The Day after Tomorrow)는 급작스런 기후변화에 따른 빙하기를 다룬 미국의 재난 영화이다. 주인공들이 맨해튼 뉴욕공립도서관에서 책을 태우며 추위를 버티다가 마지막에 구출될 때 도서관 사서인 제레미(Jeremy)가 가슴에 꼭 안고 나온 책이 있었다.

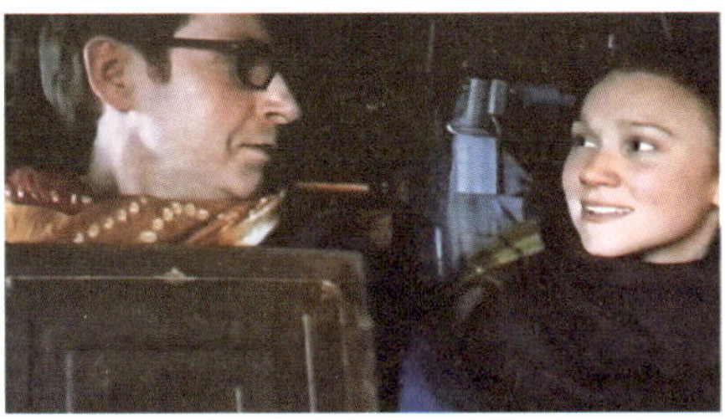

영화 <투모로우>의 한 장면

엘사: 뭘 갖고 있는 거예요?
제레미: 구텐베르크 성경. 이 성경은 최초로 인쇄된 책이야. 이성 시대의 여명(the dawn of the Age of Reason)을 대변하는 책이지. 기록된 문자는 인간의 가장 위대한 업적이라고 생각해. 만약 서구문명이 멸망한다면, 나는 이 책의 몇 장이라도 꼭 구할 거야.

●● 구텐베르크 박물관

주소: Liebfrauenpl. 5, 55116 Mainz, Germany
홈페이지: www.gutenberg-museum.de

2015 민관협의체 워크숍(인천광역시박물관협의회)

Museum News 칼럼

미국AAM 현장리포트

끝에서 새로운 시작을 추구하다

미국 서부의 끝에 있는 도시 시애틀(Seattle)에 갔다. 한국에서 비행기를 타고 가니 태평양 동쪽 끝이다. 도착한 날 하늘은 맑고 청명한데 기온은 한국 보다 약간 서늘한 편이었다. 공항에 도착하자마자 주요 커피 산업의 본 고장이라는 생각부터 떠올랐다. 이곳에서 5월 19일부터 개최되는 2014년도 미국박물관협회

2014 미국박물관협회 총회에 함께 참석한
김이삭 관장(헬로우뮤지엄, 좌)과 학예사들

(AAM) Annual Meeting에 참가하기 위해 한국박물관협회에서 선정한 참가자들과 함께 도착했다. 우리 일행은 많은 것을 배우고 경험하는 좋은 시간이 되도록 열심히 참여하였다.

다른 일행들은 시애틀을 처음 방문하였는데, 나에게 있어서 시애틀은 고향과 같은 곳이다. 1997년 미국에 와서 2003년에 캘리포니아의 버클리(Berkeley)로 이사할 때까지 약 7년 정도 시애틀 근교에 있는 훼더럴 웨이(Federal way)에서 목회를 하고, 시애틀 라디오한국(KSUH1440AM)에서 매일 새벽 5-6시 〈안녕하십니까? 임봉대 목삽니다〉라는 QT방송을 3년 정도 진행하였다. 그리곤 10여 년 만에 박물관 관장으로 시애틀을 다시 찾았으니 나에겐 특별한 의미가 있었다.

시애틀 라디오한국 방문(좌, 홍성우 부장)

2014 AAM Annual Meeting의 주제는 'innovation edge'(새로운 혁신)이다. 시애틀은 미주 대륙의 동부에서 서부로 개척해 나간 미국인의 정착의 끝자리(edge)인 동시에 태평양 시대를 향해 뻗어 가는 첫 자리(edge)이기도 하다. 초기에는 주변의 풍부한 자연으로 인한 목재산업이 주를 이루었지만, 골드러시를 계기로 도시의 인구가 급속하게 늘어났다.

지금은 보잉(Boing), 마이크로소프트(Microsoft), 아마존 닷 컴(Amazon.com) 등 세계적으로 유명한 최첨단 산업이 자리 잡고 있어서 '이노베이션'(innovation)이라는 말이 어울리는 미래의 도시이기

티베트 승려들을 위한 과학교육 발표

도 하다. 그런 의미에서 시애틀에서의 모임 주제를 'innovation edge'라고 한 것은 참 적절하다는 생각이 든다. 박물관이 21세기 미래를 위한 변화의 주체로서 새로운 혁신의 중심 역할을 해야 한다는 목적하에 다양한 세션(Session)들이 마련되어 있었다.

나는 주로 국제화에 따른 변화와 리더십(Leadership) 관련 내용에 참여하였다. 인도, 티베트, 몽골, 브라질 박물관 관계자들의 발제를 들었다. 발제자들은 티베트 불교 승려들을 위한 과학교육과 팔레스타인 학생들의 국내 초청 프로그램 사례를 통해 박물관이 국제적으로 상호간의 문화교류의 장을 마련함으로써 인종의 벽과 정치적인 경계를 넘어설 수 있는 가능성을 제시해 주고자 하였다.

박물관의 다양한 국제적 활동을 통해 정체된 사회에 변화의 힘을 불어넣어 주고 소외된 학생들에게 새로운 배움의 경험을 통해 미래에 대한 비전을 심어 줄 수 있다는 것이다. 티베트 불교 승려들을 위한 과학 교육은 2000년도부터 지금까지 계속 시행되고 있는데, 정치적인 문제로 인하여 티베트 현지에서의 교육이 이루어지지 못하고 인도 내에 있는 티베트 승려들을 대상으로 교육을 진행하고 있었다.

팔레스타인 학생들에 대한 교육도 팔레스타인 현지에 있는 학생들이 아니라 바그다드에 있는 미국 대사관에서 팔레스타인 학생들을 대상으로 이루어졌다. 미국의 미네소타 역사박물관에서 팔레스타인 학생들을 초청하여 다양한 체험의 기회를 제공함으로써 그들이 경험하는 역사적 현실의 아픔을 새로운 삶을 위한 힘이 되도록 하는 의식의 변화를 이끌고자 하였다.

콘퍼런스를 통해 오늘날 국제사회에 엄연히 존재하고 있는 인종차별과 종족분쟁, 그리고 정치적인 갈등, 이로 인해 피차에 겪을 수밖에 없는 삶의 고통과 현실을 극복하는 것이 참으로 어려운 과제이지만 모든 인간이 함께 공유할 수 있는 문화와 교육을 통한 인류의 '하나 되기'를 위해 박물관이 무엇인가를 할 수 있고 또 해야 한다는 의식은 참으로 중요하다는 것을 느낄 수 있었다.

몽골자연사박물관(Mongolian Museum of Natural History)의 역사와 앞으로의 전망에 대해 소개한 발제자 아리윤(Ariun) 관장은 발제 후 인사를 나누었더니 한국에서 온 사람이라고 특별히 반겨주었다. 몽골자연사박물관은 울란바토르(Ulaanbaatar)에 있는 몽골에서 가장 오래된 박물관으로 각종 유물과 교육 관련 수집품 등 약 1만여 점을 소장하고 있으며 그중에 약 45% 정도를 전시하고 있다.

3층으로 된 전시실에 시대순으로 유물들을 배치하고 전시하고 있으며 100% 정부 지원 아래 관장을 포함하여 현재 36명의 직원이 근무하고 있다. 앞으로 박물관의 명칭을 '몽골 자연과학 박물관'(Mongolian Museum of Nature and Science)으로 바꾸고 1백여 명의 상근 직원들이 근무할 수 있도록 운영과 조직을 확대할 계획을 갖고 있다.

발제자의 발표를 통해 몽골의 박물관들이 아직은 다소 열악한 환경 중에 있다는 것을 느낄 수 있었으며, 일본의 발굴팀이나 학자들이 몽골에서 활동하고, 일본 내에 몽골 문화를 적극적으로 소개하고 있는 것을 보면서 역사적으로뿐만 아니라 오늘날의 한국과 몽골의 관계에서 볼 때 한국에서도 몽골의 박물관들에 대해 적극적인 관심을 가져야 할 필요성이 있음을 느꼈다.

한편 브라질 박물관들의 현황과 활동에 대한 발표를 들으면서 2013년도에 말레이시아 박물관들을 탐방하였을 때 가졌던 놀라움을 다시 한 번 느꼈다. 말레이시아에서 박물관들이 아주 현대화되고 세련되지는 않았지만, 문화와 박물관에 대한 높은 의식을 갖고 있는 것에 놀랐는데, 브라질도 박물관의 역할을 매우 중요하게 여기고 많은 박물들이 다양하게 활동하고 있다는 것을 새삼스럽게 느낄 수 있었다.

1818년 포르투갈 정부에 의해 리우데자네이루에 최초의 브라질 박물관이 설립되고 1932년에 이미 대학과 대학원 과정의 박물관학 교육이 시작되었다. 1937년에는 브라질의 문화적 유산들을 보호하기 위한 국립문화재단이 설립되었으며, 국제박물관협의회(ICOM)가 출범한 지 2년밖에 안 된 1948년에 이미 회원국으로 가입하여 지금까지 적극적인 활동을 하고 있다. 현재는 전국 각처에 3,361개의 박물관이 있는데, 대부분 대륙의 동부 대서양 연안의 대도시들을 중심으로 있으며, 그중에 62.2%가 국공립이다. 이것은 상대적으로 사립박물관들이 많

시애틀 지하도시

은 한국의 박물관 현황과 비교가 되었다.

요즘 우리 사회에서도 "엣지 있다"는 말을 종종 쓴다. 영어의 '엣지'(edge)라는 말은 본래 '모서리'나 '가장자리'라는 뜻이지만, 패션이나 출판업계에서는 '세련되다', '멋지다'는 뜻으로 쓰이고 있다. 그래서 "엣지 있다"는 말은 젊은 세대들이 "특성이 있다", "개성이 있다"는 의미로 즐겨 사용하는 소위 트랜드 언어(trend language)가 되었다. 이제 한국의 박물관들이 과거의 유물들을 소장하고 전시하는 역사와 사회의 가장자리(edge)에 머무는 것이 아니라, 새로운 시대를 향한 개척의 출발점이라는 의식을 갖고 '엣지(edge) 있는' 문화교육을 통해 사회의 변화를 주도해 나갈 수 있기를 기대해 본다.

베트남 박물관 탐방기

호찌민, 전쟁, 여자

베트남의 수도 하노이에 있는 박물관들의 세 가지 주요 콘셉트들

인천광역시박물관협의회는 2016년 해외박물관탐방의 일환으로 3박 5일 동안 베트남 민족학 박물관, 베트남 국립역사박물관, 호찌민 박물관, 군사박물관, 공군박물관, 여성박물관, 국립 미술박물관 등 베트남의 수도 하노이에 있는 박물관들과 호찌민 광장, 호아로 수용소, 공자 분묘 등을 방문하였다.

호찌민 박물관

베트남의 역사를 보면, 주전 208년 중국의 진나라에 대항하여 승리를 거둔 후 반랑 왕국과 타이 어우 족 사이의 통일을 이루면서 어우 락 왕국이 설립되었다. 어루 락 왕국은 반랑 왕국으로부터 많은 것을 계승하였지만, 북쪽의 침략자들과 싸우면서 영토를 넓히고 힘을 키워나갔다. 어우 락 왕국의 왕은 수도를 반랑 왕국의 펑차우에서 코로아(지금의 하노이)로 옮겼는데, 이때부터 하노이는 이조, 진조, 여조 등 베트남 역대 왕국의 수도가 되었으며, 프랑스의 지배로부터 독립한 1945년부터는 베트남 민주 공화국의 수도가 되었고 1954년에서 1976년까지 북베트남의 수도였다가 1976년 통일 이후 현 베트남의 수도가 되었다. 베트남의 최대 도시인 호찌민 시(구 사이공)에서는 북쪽으로 1,760km 떨어져 있다.

하노이에 있는 박물관들을 방문하면서, 베트남 박물관들의 주요 주제는 호찌민, 전쟁, 여자 등, 크게 세 가지로 볼 수 있다는 생각을 하였다. 첫째, 호찌민은 베트남에서 가장 존경받는 국가적 영웅이다. 둘째, 베트남의 역사는 중국과 프랑스, 그리고 미국과의 전쟁의 역사이다. 셋째, 남자들이 전쟁에 나가 싸우는 동안 여자들은 집안 살림을 돌보고 자녀들을 양육하는 등, 모든 생활을 책임져야 했다.

호찌민은 베트남을 프랑스 식민지로부터 독립시킨 민족주의자요 미국과의 베트남 전쟁을 승리로 이끈 국가적 영웅으로 추앙받고 있다. 호찌민은 자신이 죽으면 우상화하거나 무덤을 만들지 말고 화장하여 고향 등지에 유골을 뿌려 달라고 유언을 하였다고 하는데, 베트남에서는 호찌민의 시신을 방부 처리하여 그대로 보관하고 있으며, 호찌민 광장 중앙에 건물을 지어 안치하고 성역화하여 매일 많은 국민이 호찌민의 시신을 보기 위해 방문하고 있다.

호찌민 광장과 묘

호찌민 광장 한쪽에 호찌민이 생전에 기거하였던 건물들이 보존되어 있는데, 그가 얼마나 검소한 삶을 살았는지 잘 보여주고 있다. 특별히 인상적인 것은 작은 그의 서재인데, 호찌민은 평소 책을 읽고 나면 그 책을 다른 사람이 읽을 수 있도록 전해 주었기 때문에 책이 많이 남아 있지 않다고 한다. 그중에 호찌민이 평소 정치철학을 배우고 실천하는 교과서로 가장 아끼던 책 한 권이 그의 책상에 놓여 있는데, 우리나라 실학자 정약용이 쓴 『목민심서』라고 한다.

호찌민 광장 뒤쪽에 위치한 호찌민 박물관은 호찌민의 유년기부터 임종까지의 과정을 시대별로 설명하면서 특별히 프랑스와의 독립전쟁, 미국과의 베트남 전쟁과 관련한 다양한 유물들을 전시해 놓고 있는데, 전시실 내부의 디자인이나 내용이 정치적 선전(propaganda)같은 느낌을 받았다.

총을 든 전투적인 여인상

베트남은 54개 소수민족으로 구성되어 있는데, 소수민족이 가장 많은 나라는 56개 소수민족이 있는 중국이고 베트남은 두 번째로 소수민족이 많은 나라이다. 소수민족 중 눈썹이 없는 사람과 이를 까맣게 한 여인들이 있는데, 프랑스의 지배를 받는 동안에 자기 종족들을 지키기 위해 프랑스인과 결혼하지 않고 동족들하고만 결혼했다고 한다. 베트남의 언어는 크게 5개 어군으로 구분된다. 그중에 베트족의 인구가 86% 정도를 차지한다.

베트남민족학박물관

베트남 54개 소수민족의 역사와 문화를 소개하고 있는 민족학 박물관은 1987년 12월 14일에 설립 허가를 받고 공사를 시작하여 1995년에 완공하였으며, 1997년 11월 12월에 개관하였다. 베트남의 대표적인 박물관 중의 하나라고 할 만큼 잘 정돈되어 있으며, 많은 관람객이 찾고 있다. 전시실 건물은 타이(Tày)족 출신의 건축가 하덕린(Ha Duc Lin)에 의해 설계되었는데, 동손북(Dong Son drum)의 형태로 되어 있으며, 내부 설계는 프랑스 건축가 베로니크 돌푸스(Véronique Dollfus)가 디자인하였다.

베트남에서 가장 오랜 역사를 가진 국립역사박물관은 고대로부터 현대에 이르기까지 베트남의 역사를 볼 수 있는 다양한 유물들이 전시되어 있다. 그러나 근현대 베트남의 역사를 대변하는 호찌민 박물관을 비롯한 군사박물관과 공

국립역사박물관에 전시된
용 모양의 베트남 어보

군사박물관

폐 타이어로 만든 샌달

군박물관에는 프랑스 식민주의와의 독립전쟁이나 미국과의 전쟁과 관련된 유물이 대부분을 차지하고 있다. 하노이 시내 한가운데 있는 호아로 수용소도 전쟁과 관련된 곳이다. 19세기 말 프랑스가 교도소로 건설한 곳으로 많은 독립 운동가들이 투옥되었으며, 베트남 전쟁에서는 미군 포로들의 수용소로도 사용되었다고 한다.

2010년에 개관한 하노이 박물관은 역 피라미드 형태로 된 독특한 건축구조를 갖고 있는 것이 인상적이었다. 현대화된 박물관 외형과는 달리 1천 년 하노이 역사의 유물들을 전시하고 있다는 내부 전시실은 공사를 하다 만 것 같은 인테리어의 조악함이나 개관한 지 몇 년 되지 않았음에도 불구하고 곳곳에 관리 부실의 흔적이 보여 실망했다.

하노이에 있는 박물관을 둘러보면서 특별히 인상적이었던 것은 여성들과 관련된 유물들이다. 베트남은 오랜 전쟁의 역사로 인하여 남자들은 대부분 전쟁에 나가고, 일상생활은 여성들이 책임을 져야 했다. 육아와 가사 노동뿐만 아니라 농사와 직물 등 대부분의 일은 여성들이 도맡아서 해야 했다. 군사박물관에 어머니가 아들을 부둥켜안고

여성박물관

여성박물관 전시관

우는 그림이 있는데, 베트남에서는 아들이 전쟁에 나갈 때는 울지 않고 전쟁이 끝나고 아들이 돌아올 때에 울었다고 한다. 베트남 국립미술박물관에도 불상이나 조각, 건축 등, 다양한 역사적 유물들이 전시되어 있지만, 현대 회화나 조각들에는 전쟁과 여인들을 주제로 한 내용이 많이 있다.

하노이의 리트엉끼엣에 위치한 베트남 여성박물관은 여성의 생활과 패션 등, 베트남 여성들의 다양한 역사와 문화를 살펴 볼 수 있다. 여성들이 남성들에 비해 상대적으로 차별을 받으면서도 베트남 사회 공동체에서뿐만 아니라 국가의 독립과 국가건설의 투쟁에서 여성들의 역할이 얼마나 다양했는지를 보여주고 있으며, 54개 소수민족 여성들의 다양한 의상들과 공예품들을 전시하고 있다.

해외 한인박물관들의 **역사와 과제**

2015년 영월 국제박물관 포럼에서 박물관 지원(support) 분과의 좌장을 맡아 진행하면서 해외에 있는 한인박물관들을 소개하는 것도 좋지 않을까 하는 생각을 하게 되었다. 한국사립박물관협회에서 2016년 9월 28일부터 10월 1일까지 개최된 영월국제박물관 포럼 및 박람회 기간 중 해외 한인박물관 관계자들을 초청하

포럼 기념사진

재일한인역사자료관 발표

토론

여 2016 '박물관 길 위의 인문학' 포럼을 통해 세미나를 할 수 있도록 자리를 마련해 주었다.

2016년 9월 30일(토) 오후 2시부터 4시까지 영월 하늘샘 체육관에서 진행된 세미나는 일본 도쿄의 재일한인역사자료관 이미애 학예사, 미국의 샌프란시스코 한인박물관 건립추진위원회 이정현, 손수락 위원과 로스앤젤레스(LA) 한인역사박물관 민병용 관장 등이 참여하였다.

1. 재일한인역사자료관

재일한인역사자료관은 재일동포 역사 100주년, 을사늑약 체결 100년, 광복 60주년, 한일협정체결 40주년이라는 역사적 의미를 담고 2005년 11월에 개관하였다. 장소는 도쿄 한국중앙회관 별관으로 2층과 3층에 전시실, 7층에 수장고를 두고 있다.

1970년대 이래 재일동포의 세대교체와 일본 사회의 동화가 가속화되고 재일동포 1세의 인구감소로 인한 재일동포 역사 풍화에 대한 위기감 속에 재일동포가 걸어온 역사를 후세에 계승, 보존하고, 역사인식을 개발하는 종합적 시설의 필요성이 높아졌다. 해방 50주년을

재일한인자료역사관 방문(2018년)

맞은 1995년 박경식(재일 1세 역사학자)에 의해 재일동포의 역사에 관한 자료를 수집, 정리하여 일반에 공개하는 종합적 시설로서의 박물관을 설립하고자 하는 운동이 구체화되었으나 재정적 이유와 박경식의 갑작스러운 사고사로 인하여 성과를 거두지 못하였다.

2000년 9월 재일본대한민국민단 '재일동포 21세기 위원회'의 추진사업의 하나로 재일동포 역사와 문화에 대한 자료관 설립의 필요성이 제안되고, 2003년 6월 한국을 방문한 민단 관계자가 문화관광부 차관과의 면담에서 역사자료관 건립 추진 등에 대한 지원을 요청하였다. 2003년 11월 개설추진위원회(회장 김재숙 민단중앙본부단장)가 발족한 이후 역사자료관의 명칭과 관련하여 오랜 숙의 끝에 "재일한인역사자료관"으로 정식명칭을 결정하게 되었으며, 개인의 신조, 소속단체 또는 국적에 구애받지 않고 사료를 중심으로 재일동포의 역사를 객관적으로 후세에 전하는 것을 목표로 2005년 11월에 개관하였다.

재일한인역사자료관은 해방 전후로 나눈 재일동포 110년의 역사와 문화를 전시하고 있는 상설전이 있고, "2·8 선언에서 3·1 독립운동으로", "1세들의 전쟁 - 한국인 전범자 문제", "차별과 싸운 시인, 화가, 평론가 - 오림준 전", "군함도, 조선인 강제연행의 기억", "관동대지진으로부터 90년, 청산되지 않은 과거 - 사진·그림·책으로 보는 조선인 학살" 등 현재까지 14회의 기획전을 개최하였다.

그리고 2008년 오사카, 2009년 나고야, 2010년 후쿠오카에서 특별전을 개최하였으며 2012년에는 서울역사박물관 동북아역사재단과 공동주최하여 "서울특별전 열도 속의 아리랑"을 서울역사박물관에서 개최하였다. 2015년에는 개관 10주년 기념으로 각종 기증품을 전시한 "잡동사니 속의 보물"이라는 특별전을 열었다. 재일한인역사자료관의 전시물은 모두 기증품으로 되어 있는데 2016년 현재까지 575명의 개인과 75개 단체에서 기증하였다.

재일한인역사자료관은 아직도 재정적인 불안정 속에 일본사회의 배타성, 혐한 데모 등으로 인한 어려움을 겪고 있다. 그럼에도 불구하고 재일한인역사자료관은 재일동포의 역사가 곧 한반도 근현대사의 일부분이라는 인식 아래 동포 사회의 세대교체와 일본사회로의 동화, 귀화에 의해 풍화되어 가는 재일동포의 역사를 후세에 남김으로써 앞으로의 세대들이 일본사회에서 올바른 정체성을 형성하고 자신의 뿌리에 긍지를 가질 수 있도록 기여하고 있다.

2. 샌프란시스코 한인박물관(San Francisco Korean American Museum)

샌프란시스코는 세계적인 관광도시로 미국인들이 가장 살고 싶어 하는 도시 중의 하나이다. 샌프란시스코는 1883년 한인 외교 사절단 보빙사가 미국에 들어와 가장 먼저 도착한 곳으로 그들이 머물렀던

샌프란시스코 한인박물관 발표

팰리스 호텔(Palace Hotel)이 있다. 1903년 1월 13일 최초의 한인 이민자들 101명이 하와이에 도착한 이후 캘리포니아 개척의 붐을 타고 1903년 유니언 퍼시픽과 태평양 철도회사가 노동자 2만 명을 모집하면서 1천 명이 넘은 한인들이 1904년부터 1907년까지 샌프란시스코로 이주하였다.

1905년 을사늑약 이후 샌프란시스코는 미주 한인 독립운동의 중심지가 되었다. 1908년 샌프란시스코 페리 빌딩 앞에서 장인환, 전명훈 의사가 친일파였던 미국인 외교관 스티븐슨을 저격하였으며, 1909년에는 박용만, 이승만, 안창호 등에 의해 대한인국민회가 창설되었다. 1913년 도산 안창호에 의해 민족운동단체인 흥사단이 처음 창립된 곳도 샌프란시스코이다.

샌프란시스코 한인박물관은 샌프란시스코와 베이(Bay) 지역을 중심으로 북미에 산재해 있는 이민사 자료의 수집과 문화 사업을 통하여 한인들뿐만 아니라 미국 주류 사회에 이민사와 한국문화를 알리는 데 뜻을 두고 있다. 아직 박물관 건물은 없지만, "미주 한인 이민의 역사,

어떻게 바라보고 준비해야 할 것인가"(홍선표, 2014년 6월), "이민 선조들의 업적과 후손들의 계승과 발전"(김영란, 2014년 7월), "한인의 다양한 역사와 문화를 보여줄 박물관"(Laura Nelson, 2015년 6월), "민족 박물관의 필요와 중요성"(이정희, 2015년 6월), "샌프란시스코 한인박물관의 방향"(클레어유, 2015년 8월) 등 문화 강연을 개최하였다. 그리고 지역 화가들이 기증한 미술품 및 조각품과 한국학교 학생들의 미주 이민 관련 미술 작품들을 전시한 전시회를 개최하면서 『한국인의 예술과 생활 I』이라는 도록을 출판하였다.

현재 초기 이민자들의 생생한 역사와 지금까지 계속되고 있는 한인들의 삶을 기록으로 남기기 위한 작업으로 영상 인터뷰를 진행하여 홈페이지(www.SFKAM.org)에 소개하고 있으며, 박물관 운영과 건물 구입을 위한 모금 운동을 계속해서 펼쳐 나가고 있다.

3. 한미박물관(Korean American National Museum)

2016년 8월 미국에 가서 샌프란시스코 한인박물관 관계자들을 만난 후 로스앤젤레스(LA)를 방문하여 민병용 한인역사박물관장을 만나고, 미주 한국일보 본사에서 장재민 회장(한미박물관 이사장)과 대화를 나누었다.

LA는 미국 서부의 최대 도시로 한인들의 유입이 많아지면서 샌프란시스코에서 시작된 한인 독립운동의 역사가 LA에서 더욱 활발하게 진행되었다. 2016년 8월 20일 방영된 MBC 방송국의 〈무한도전, 도산 안창호 LA특집〉은 LA 곳곳에 숨겨진 도산 안창호의 흔적을 찾아 미주 한인들이 조국의 독립을 위해 얼마나 많은 수고와 헌신을 하였는

한미박물관 조감도

지 감동적으로 보여주었다.

1992년 한미박물관이 창립될 때 독립운동가 현순 목사의 아들인 건축가 데이비드 현과 2차 대전의 영웅으로 프랑스 최고 영예인 레이옹 도뇌르 훈장을 수상한 김영옥 대령이 중요한 역할을 하였다. "같은 시대 같은 이민 역사를 가진 일본인 커뮤니티는 자기들의 박물관을 세웠는데 우리 한인사회도 박물관을 건립해야 한다."는 의식과 함께 1992년 초 LA 일본타운의 데이비드 현 사무실에서 가칭 한미역사박물관위원회 모임을 갖고 3월 7일 한미박물관위원회 공식 명칭을 결정한 후 5개 분과위원회를 조직하였다.

1992년부터 1997년까지 이명숙 초대관장이 활동하면서 80만 달러를 모금하고 사진전을 시작으로 6차례의 전시회를 개최하였다. 1999년에는 한국 재외동포재단에 한인 족보사업, 입양아 사업, 박물관 확장 사업을 위해 10만 달러를 신청하고 2000년에 한인 족보를 수

한미박물관 부지

록해 나가는 사업계획을 발표하였다. 2002년 코리아타운 갤러리아에서 4·29 LA 폭동 10주년 기념 Storefront Line 전시회를 개최하였다.

2004년 LA 시의회는 한미박물관 새 부지 지원 추진안을 통과시키고 2005년 건립부지로 6가와 버몬트의 LA시 소유 공영주차장을 선정하였다. 2010년 LA시 도시개발국은 한미박물관 부지를 구입하기 위한 기금 317만 달러를 지원하는 안건을 통과시켰으며, 한미박물관은 지상 2층, 지하 1층을 갖춘 4만 스퀘어피트 규모로 건축할 것을 발표하였다.

2012년 6월 LA 시의회는 6가와 버몬트의 공영주차장을 한미박물관에 50년간 1달러에 장기 임대하는 결의안을 통과시키고, 10월에 한미박물관과 LA 시의회가 임대계약을 체결하였다. 2014년 한미박물관 건축 청사진 및 설계를 완성하고 2015년 LA 시의회는 한미박물관을 아파트 + 박물관 형태의 7층 건물 계획안을 최종 승인하였다.

2016년 한미박물관 이사회(공동 이사장 장재민, 홍명기)는 2월 LA시 도시개발국에 아파트형 박물관으로 새 건축 계획안을 제출하였다. 그러나 2018년 한미박물관 이사회는 박물관의 본래 기능에 더 충실하고자 주거용 아파트 부속건물을 제외하고, 수장고를 포함한 3층 규모의 건물을 신축할 계획을 세우고 새 프로젝트의 승인을 다시 요청했다.

4. 한인역사박물관(Korean American History Museum)

한인역사박물관은 재미 언론인으로 2002년~2003년 한미박물관장을 역임한 민병용 관장이 설립하였으며, 초기 이민사진(1903년~1945년) 450장, 한인 이민사 및 독립운동 서적 및 논문 200여 권, 초기 이민자 비디오, 슬라이드, 오디오 50개, 초기 이민자 개인 file 147개, 새 인물 file 100개, 4.29 폭동자료 등, 다양한 초기이민 자료들을 소장하고 있으며 『미주 이민 100년 초기 인맥을 캐다』, 『미주 한인이민 100년사』, 『LA 4.29 폭동의 실상』(공저), 『미국 땅에서 역사를 만든 한인들 Who's Who 한인인명록』 등 15권의 저서를 출판하였으며, 지난 9월 28일(수)에는 서울의 프레스센터에서 각계각층의 지도자들이 참석한 가운데 미주 독립유공자 전집 『애국지사의 꿈』 출판기념회를 개최했다.

한인역사박물관 민병용 관장(우)

2016 영월국제박물관 포럼에서 인사말을 하는 김쾌정 한국박물관협회장

서정호 교수(공주대, 충남박물관협회 회장)가 진행한 토론시간에는 해외 한인박물관들의 건립을 위해서 한국 정부가 적극적인 관심을 가져야 한다는 의견과 함께 일본과 미주 지역 외에 중국이나 러시아, 중앙아시아와 유럽 등에 있는 한인 사회들도 한인들의 이민사를 보존하고, 주류 사회에 한국 문화를 알리고, 한인 후세들의 뿌리 교육을 위한 박물관을 건립할 수 있도록 도움을 주는 방안을 찾을 것을 제안하기도 하였다. 한국사립박물관협회가 이번 포럼을 통해 해외 한인박물관들에 대한 관심을 가질 수 있는 계기를 마련한 것은 매우 의미가 있다고 생각하며 이번에 참석한 해외 한인박물관 관계자들도 국내 박물관 관계자들과 서로 교류할 수 있는 기회를 얻게 되어 향후 보다 적극적인 관계를 갖게 될 것으로 기대한다.

특별기획-운영

인천지역 박물관의 현재와 미래

인천광역시박물관협의회(초대 회장 이귀례 가천박물관장)는 2007년 1월 인천시립박물관, 가천박물관, 송암미술관, 인천어린이박물관 등 4개 관 관장 모임을 갖고 2월 준비위원회를 개최하여 첫발을 내디뎠다. 그 후 10년간 인천 지역의 인천시립박물관을 비롯한 공·사립 박물관과 미술관 등 27개 회원관의 유기적 협력 아래

인천광역시박물관협의회 현판식(2016년, 국제성서박물관)

2011 인천박물관축제

다양한 행사를 개최하여 왔다. 2017년 협의회 회원관은 미추홀구 5개 관, 중구 7개 관, 동구 1개 관, 남동구 2개 관, 서구 2개 관, 연수구 3개 관, 부평구 1개 관, 강화군 6개 관으로 공립 8개 관, 사립 11개 관, 대학 1개 관 등이다.

2010년 「인천광역시 박물관 미술관 진흥 조례」(제4375호)를 만들어 인천광역시 관내 박물관 및 미술관의 지원과 육성을 위한 근거를 마련하고 인천광역시로부터 협의회 사업예산을 지원받고 있다. 2017년도에는 협의회 사업비로 8천만 원을 지원받아 사립박물관 도록 발간, 다함께 돌자 박물관 한바퀴, 선진박물관 탐방, 10주년 기념사업(포럼 및 공동 전시회, 어울림 한마당), 인천박물관인 대회 등을 추진하고 있으며, 특별히 작은 박물관 활성화를 위해 별도로 4,400만 원을 책정하여 전시, 교육, 시설정비 사업을 지원하고 있다. 이를 위해 매월 관장 월례회의를 각 박물관별로 돌아가면서 개최하고 실무자회의를 통해 사업을 구체화 시켜 나가고 있다.

국립대만박물관 탐방(2011년)

2015 어울림한마당

그러나 협의회 사업 진행을 회장관의 직원이 감당하다 보니 운영의 어려움과 업무의 연속성이 저하되어 현재 인천광역시와 협의회 운영과 관련한 지원 대책을 협의하고 있다. 서울특별시, 경기도, 경상남도와 전라북도 등, 타 지역 협의회의 운영과 박물관·미술관 지원 사례들을 토대로 논의하고 있지만 관련 법규와 조례에 대한 해석을 아전인수(我田引水) 격으로 하기보다 박물관·미술관의 활성화를 위해 서로 간

인천박물관인대회(2016년)

에 긍정적인 자세로 이해하고 협력하려는 노력이 필요하다.

인천지역의 박물관과 미술관들은 대한민국의 국제적 관문인 인천의 오랜 역사와 문화적 특성들을 배경으로 3백만 시민들에게 다양한 문화향유의 기회를 제공하고자 애쓰고 있다. 특별히 인천광역시에서는 2016년 문화성시(文化聖市) 인천을 선포하면서 2022년까지 각종 문화사업을 추진함으로써 문화 중심지로서의 인천으로 발돋움하기 위해 애쓰고 있다.

현재 국립박물관이 하나도 없는 인천에 국립세계문자박물관과 국립인천해양박물관을 설립하기로 하였고, 동양화학에서 기증한 사회공원부지 1만 5천 평에 뮤지엄(미술관, 박물관)과 문화산업시설 등 복합문화공간인 인천 뮤지엄 파크(Museum Park)를 조성하기로 하였다. 2016년 12월 인천뮤지엄파크 추진계획을 수립하고 2018년 7월까지 예비타당성 조사를 마친 후 2019년에 착공하여 2022년에 완공할 계획이다.

국립인천해양박물관 유치 전문가 토론회(2017년)

박물관은 이제 과거의 유물을 보존하고 전시하는 역할을 넘어서 시민들이 함께 공유하고 즐기는 현장이다. 시민의 참여가 없는 박물관은 죽은 박물관이라는 의식을 갖고 시민들의 관심이 적극적으로 반영되는 복합적인 문화공간이 되도록 해야 한다. 이를 위해 현재 인천지역 박물관, 미술관들의 운영과 시민들의 반응에 대한 정확한 실태를 파악할 수 있는 컨설팅을 인천광역시에 요청하려고 한다.

인천광역시박물관협의회는 2017년 10월 21일(토) 오전 10시~오후 1시까지 인천예술회관에서 10주년 기념 특별전 개막식 및 「자치단체와 박물관의 협력 및 지원방안」, 「박물관의 현재와 미래」 등에 대한 포럼을 통해 인천지역 박물관들의 역사를 회고해 보고, 앞으로 나아가야 할 발전방향을 논의하였다.

인천광역시박물관협의회 10주년 기념 포럼(2017년)

웰빙(well-being)의 미래와 **박물관의 역할**

인간은 누구나 행복을 추구할 권리가 있다. 이것을 행복추구권(幸福追求權)이라고 한다. 행복추구권은 대한민국 헌법이 보장하는 기본권 중 하나로 안락하고 만족스러운 삶을 추구할 수 있는 권리, 고통이 없는 상태나 만족감을 느낄 수 있는 상태를 실현하는 권리로 정의된다. 우리나라 「헌법」 제10조는 "모든 국민은 인간으로서의 존엄과 가치를 가지며, 행복을 추구할 권리를 가진다"라고 규정하고 있다.

행복한 삶을 영어로 쉽게 표현한다면 웰빙(well-being)이다. 웰빙이란 몸과 마음의 안녕과 행복을 추구하는 것으로 육체적, 정신적 건강의 조화를 통해 행복하고 아름다운 삶을 추구하는 문화를 통틀어 일컫는 개념이다. 오늘날에는 유기농산물을 즐기고 건강을 위한 운동이나 취미생활을 하는 사람들을 가리켜 웰빙족이라고 하고, 건강에 좋은 제품을 웰빙 식품이라고 표현하기도 하다.

과학기술의 급속한 발전은 사람들의 삶에 지대한 영향을 주고 있으며 앞으로 행복한 삶(웰빙, well-being)을 증진시킬 수 있는 가능성을 보여주고 있다. 그렇지만 인간의 미래를 위협하는 요소들도 많이 있다. 세계는 점차 심각한 환경오염과 기상변화에 직면해 있고, 인구의 고령화에 따른 대책과 인터넷 중독, 디지털을 악용한 가짜 뉴스 등이 우리의 삶을 위협하고 있다.

디지털 기술은 삶에 편리함과 풍요로움을 가져오기도 했지만 게임, 소셜 미디어 등 디지털 중독이 심각한 사회 문제로 등장하면서 특히 기술의 위험성에 대한 분별력이 부족한 어린이와 청소년의 정신 건강에 치명적인 위험성을 초래할 수 있다는 사실이 확인되고 있다.

2018년 11월 26일부터 29일까지 인천 송도에서 「웰빙의 미래」(The Future of Well-Being)라는 주제로 개최된 제6차 OECD 국제 포럼에서 각계각층이 "지능화, 디지털화가 국민의 삶의 질을 높이고 사회 문제 해결의 도움이 될 수 있도록 해야 한다"는 주장과 함께 "미래 세대를 포함한 국민 모두가 건강한 삶을 누릴 수 있도록 해야 한다"는 선언을 하였다.

주제발표

분과토의

세르비아 대표 고란 미트로빅

반기문 총장

포럼 기간 중 세계 각국에서 온 여러 사람을 만나 대화를 나눌 기회를 가졌는데, 특히 동유럽의 세르비아(Serbia)에서 온 고란 미트로빅(Goran Mitrovic) NGO 대표와 많은 대화를 나누었다. 그는 한국을 처음으로 방문하였다고 하면서, 세르비아 사람들이 한국을 잘 모르고 있기 때문에 한국의 문화를 소개하는 기회가 있으면 좋겠다는 제안을 하였다.

세계화 시대에 문화란 자율성과 다양성, 그리고 창의성이라는 가치를 담고 있다. 자율성이란 개인의 자유로운 문화 활동의 권리를 보장하는 것을 말한다. 다양성은 서로 다른 정체성을 가진 집단들이 차별받지 않고 자신들의 문화적 힘을 펼쳐나가는 것을 말한다. 창의성은 문화콘텐츠를 육성하는 산업 역량뿐만 아니라 문화가 사회발전과 혁신에 중요한 역할을 수행하는 것을 말한다. 국가 간의 문화적 교류는 상호 간에 서로 다른 문화와 역사를 배우고 경험할 뿐만 아니라 그를 통해 서로의 다양성을 존중하면서 사회의 발전에 창의적인 공헌을 하는 것이다.

문화의 다양성을 보여주면서 인간의 과거와 현재, 그리고 미래를 담고 있는 대표적인 기관이 박물관이다. 우리들 주변에는 역사와 문화, 자연과 우주, 종교와 과학 등, 인간의 삶과 관련된 거의 모든 분야에 걸친 다양한 박물관들이 있다. 박물관은 과거의 유물을 보존하고 연구하며, 관람객들을 위하여 그 유물들을 전시할 뿐만 아니라 다양한 체험프로그램들을 통하여 소통하며 교육하는 역할까지 하고 있다.

국가에서도 제4차 산업혁명의 물결 속에 급속하게 변화하는 세계화 시대에 융합적인 문화자원의 역량을 강화하기 위해 창의적인 문화정책을 시행하고, 더 나아가 분단의 극복과 통일을 위한 문화협력을 확대해 나가기 위한 노력을 하고 있다.

디지털 기술의 발전과 문화의 다양성을 지향하고 있는 현대 사회에서 박물관들은 어떤 역할을 감당해야 할 것인지 고민하게 된다. 현대인들이 웰빙의 가치와 과학기술의 발전에 따른 웰빙의 미래에 대해 관심을 갖고 있는 이때에 박물관들은 소장, 전시하고 있는 유물들을 토대로 다양한 역사적, 문화적 관점에서 웰빙의 참된 가치가 어디에 있는지를 제시해 줄 수 있다.

박물관은 소장하고 있는 다양한 유물들을 토대로 한 전시와 교육

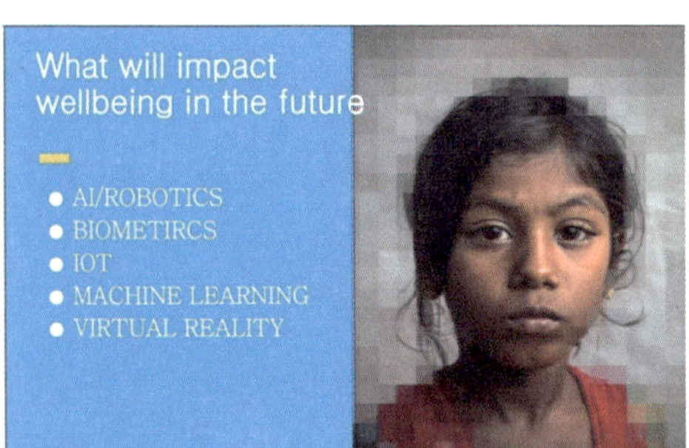

미래의 웰빙에 영향을 주는 것들

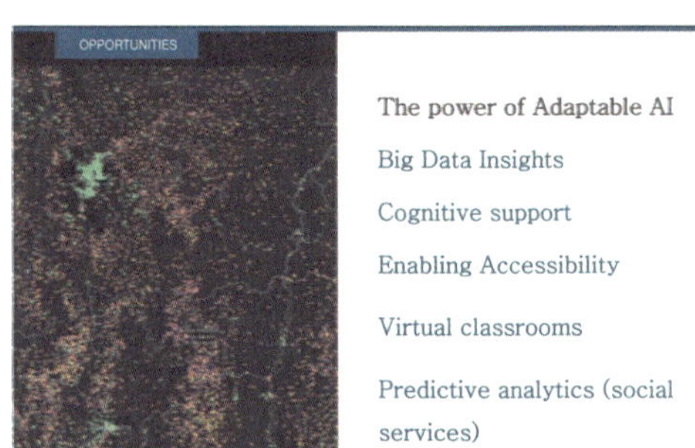

인공지능(AI)의 활용

프로그램을 통하여 웰빙을 추구하는 현대인들에게 삶의 참된 가치를 전해야 할 사명이 있다. 최근 뉴욕타임스는 디지털 사회가 고도화되면서 미국 사회에 새로운 빈부 격차가 발생한다는 사실을 지적하였다. 디지털 기술의 발달에 따른 과학기술의 진보는 웰빙의 미래에 대한 가능성을 제시해 주는 동시에 다양한 사회 문제들을 야기하고 있다.

박물관은 디지털기술의 발전에 따라 전시기법에 있어서 시각, 청각적 정보전달뿐만 아니라 공감각적 체험과 참여방법을 개발해 나가야 할 것이다. 물론 이와 같은 작업은 많은 예산을 필요로 하는 경제적 뒷받침이 있어야 하므로 중소형 사립박물관의 경우 쉽게 이루어지기는 어렵다. 그러므로 박물관의 현실에 맞게 아날로그적 작품의 전시와 가능한 디지털 방식을 통한 교육 프로그램을 운영함으로써 관람객들이 웰빙의 미래를 위한 참된 가치를 체험하고 배울 수 있도록 해야 한다.

인천광역시박물관협의회 창립 10주년 기념 특별전(2017년)

인천의 아침

방향감각과 인생의 성패

한국인은 전통적으로 햇볕이 가장 잘 드는 남향을 선호한다. 그래서 앞쪽 하면 남쪽을 가리킨다. 옛 서울의 앞산은 남산이고 정문은 남대문이다. 경복궁의 정문인 광화문도 남쪽을 향해 있다. 경복궁 중앙에 있는 근정전은 임금이 신하들과 함께 공식적인 업무를 보는 정전으로 그 앞마당을 조정(朝廷)이라고 한다. 조정에서 조회를 할 때 임금은 근정전에서 남쪽을 향해 좌정하고 임금의 왼쪽은 동쪽으로 제일 앞에 왕세자가 서고 그 뒤를 정일품부터 문관들이 순서대로 섰으며, 오른쪽은 서쪽으로 대군들이 앞에 서고 그 뒤를 무관들이 순서대로 섰다. 그래서 임금의 왼쪽인 동쪽이 상석이 되고 서쪽인 오른쪽은 그다음이다.

이와 같이 임금이 남면(南面)하고 동쪽인 왼쪽을 우선시하는 것은 우리나라뿐만 아니라 동양의 전통적인 방향의식이기도 하다. 임금이 북쪽(북극성의 자리)에 앉아서 남쪽을 바라볼 때에 해가 떠오르는 생문방(生門方)인 동쪽이 임금의 왼편이 되고, 해가 지는 사문방(死門方)인 서쪽이 임금의 오른편이 된다. 그러므로 평상시에는 생문방인 왼쪽이 사문방인 오른쪽보다 상석이 된다.

그러나 전쟁을 치르는 장군의 경우는 반대로 임금의 오른쪽이 상석이 된다. 노자의 도덕경에 따르면 전쟁에 이기더라도 많은 사람이 죽게 되고 슬피 애도하게 되니 승전의 예는 상례(喪禮)에 따른다. 전쟁은 사람을 죽이는 것이므로 사문방인 오른쪽이 죽음에 더 가깝고, 그래서 상석이 된다. 따라서 오른쪽에 사령관인 대장군이 앉고 왼쪽에 부사령관인 편장군이 앉는다.

우리나라에서는 남쪽이 앞쪽이라면 성경에서는 동쪽이 앞쪽이다. 동쪽은 해 돋는 쪽으로 성경에서는 '에덴'이 동쪽에 있다고 해서 인류 역사의 기점을 동쪽으로 표현한다. 예루살렘 성전(Temple)의 문도 동쪽으로 나도록 하였다. 사람들이 예배드리기 위해 성전으로 들어올 때는 세상의 죄와 어두운 삶의 문제를 갖고 들어오지만, 하나님께 죄 사함을 받고 세상으로 다시 나갈 때에는 해 뜨는 동쪽을 향해 소망을 갖고 나가도록 한 것이다. 영어의 '오리엔테이션'(Orientation)이라는 말도 "해가 뜨는 곳"(Orient)이라는 말에서 나온 것이다. 학교나 기업체 등에서 오리엔테이션을 한다고 하는 것은 앞으로 나갈 방향(진로)에 대한 예비교육이나 안내하는 것을 말한다.

그리스의 데살로니가 해안에는 브세파루스라는 명마(名馬)를 타고 동쪽을 향해 힘차게 달려가는 모습으로 된 알렉산더 대왕의 동상이 있다. 브세파루스는 알렉산더가 선물로 받은 말인데, 얼마나 사납고 거칠게 날뛰는지 장군들조차 말을 다루지 못했다. 알렉산더가 직접 말을 타보겠다고 하자 장군들은 모두 위험하다며 만류하였다. 그러나 브세파루스가 자기 그림자에 놀라서 날뛰고 있는 것을 간파한 알렉산더는 말 등에 올라타자마자 고삐를 잡고 태양을 향해 힘차게 달려갔다. 태양을 향해 달려가니 그림자는 눈에 보이지 않게 되었고, 브세파루스는 알렉산더에게 순종하여 세계를 정복하는 위대한 명마가 되었다.

일본 속담에 "서쪽을 향해가는 사람은 일생동안 걸어가도 해 뜨는 것을 보지 못한다"는 말이 있다. 동쪽은 해가 돋는 곳이요 내일이 있는 곳이다. 사람은 누구에게나 삶의 그림자가 있다. 그림자가 물체를 입체적으로 인식할 수 있도록 하는 것처럼 인생의 그림자는 사람이 입체적인 존재로 의식하도록 한다. 인생의 성패는 그림자에 연연하며 살아갈 것이냐, 아니면 과거의 그림자를 뒤로 하고 내일을 향해 떠오르는 태양을 바라볼 것이냐 하는 방향감각에 달려 있다.

"고개를 들어 태양을 보라. 그리하면 그림자는 뒤로 물러날 것이다" - 지그 지글러(Zig Ziglar)

문화 성시
인천과 박물관

풍요로운 계절 가을을 맞아 「애인(愛仁) 페스티벌」을 비롯한 다양한 문화행사들이 인천의 곳곳에서 펼쳐졌다. 시립박물관을 포함한 공·사립 및 대학 박물관과 미술관을 회원으로 한 인천광역시박물관협의회에서도 2017년 창립 10주년을 맞아 10월 21일 기념식을 갖고 특별전 「인천, 박물관의 숲」과 「박물관 어울림 한마당」 등을 개최했다. 인천은 시립박물관이 1946년 4월 개관한 우리나라 최초의 공립박물관이라는 점에서 한국 박물관의 역사에 중요한 의미를 갖는다.

박물관의 역사는 인종과 인간의 활동과 자연 세계의 물질적 증거들을 보존하고 해석하는 기관들의 역사이다. 박물관을 뜻하는 '뮤지엄'(Museum)의 어원은 그리스어 '뮤세이온'(mouseion)으로 '뮤즈들(Muses)의 의자'라는 뜻이다. 그리스 신화에서 뮤즈들은 주신(主神)

제우스(Zeus)와 기억의 여신 므네모시네(Mnemosyne) 사이에 태어난 9명의 여신으로 학문과 예술을 관장한다. 음악을 뜻하는 '뮤직'(Music)도 같은 어원을 갖고 있다.

주전 3세기 프톨레미 1세(Ptolemy I)가 이집트의 알렉산드리아에 거대한 박물관을 세웠는데, 학자들과 도서관을 중심으로 한 것이라 유물을 보존하고 해석하는 박물관이라기보다는 학문연구를 중심으로 하는 대학의 원형이었다. 유물을 수집하여 보존하는 기능을 한 박물관은 17세기 유럽에서 본격적으로 시작되었다고 할 수 있다. 19세기부터 박물관이라는 용어는 문화적 자료들을 보존하고 일반인들이 관람할 수 있도록 전시하는 공공건물을 가리키는 데 사용되었다.

우리나라는 1990년에 200여 관에 불과했던 박물관이 현재 1천여 개의 박물관으로 양적인 팽창을 하였다. 이런 양적인 팽창을 주도한 것은 공립박물관과 사립박물관이었다. 그리고 1997년 12월에 확정된 제7차 교육과정에서 "우리 문화에 대한 이해의 토대 위에 새로운 가치를 창조하는 사람"에 대한 강조를 통해 학생들의 방문이 급증하면서 박물관이 이들의 체험교육기관으로 급부상하게 되었다. 이제는 학생들뿐만 아니라 일반인들에게도 박물관은 즐기며 배우는 곳이라는 관람 문화의 변화를 가져오고 있다. 시민의 적극적인 참여 없는 박물관은 죽은 박물관이다. 이에 박물관은 시민들이 보다 적극적으로 다양한 분야의 문화를 함께 즐기고 이용하는 문화 복합공간으로 변모하고 있다.

인천광역시에서도 2016년 인구 3백만 돌파와 함께 인천 문화의 성지였던 구 시민회관 터에 세워진 문화창작지대 「틈」에서 "문화성시(文化聖市) 인천을 여는 문화주권발표회"를 가졌으며, 앞으로 국립세계

문자박물관과 국립인천해양박물관을 건립하고 대규모 뮤지엄 파크를 조성할 계획을 갖고 추진하고 있다. 특히 인천은 인천해관, 대불호텔, 경인선, 팔미도 등대, 극동방송 등, 한국의 근현대사에 최초라는 기록을 갖고 있는 다양한 역사적, 문화적 유산들을 많이 갖고 있다.

인천광역시박물관협의회는 정보, 지원, 전문적인 네트워크를 통해 인천의 다양한 박물관 공동체를 강화하고 공헌함으로 박물관들이 그 임무를 잘 성취해 나갈 수 있도록 돕는 역할을 하는 것이다. 앞으로 인천의 박물관들이 시민들에게 효율적인 문화향유의 기회를 제공하고 국내외에 인천의 문화적 독특성과 우수성을 알리는 역할을 감당할 수 있기를 기대한다.

제4차 산업혁명과 박물관

오늘날을 제4차 산업혁명 시대라고 말한다. 18세기 농업과 농촌 중심의 사회에서 산업과 도시중심의 사회로 변화된 제1차 산업혁명 이후 기술의 진보를 이룬 제2차 산업혁명과 아날로그에서 디지털 기술로 발전하는 제3차 산업혁명을 거쳐, 이제는 인공지능(AI)과 로봇공학(RT) 등, 물리적 세계와 디지털 세계를 접목한 제4차 산업혁명 시대이다.

제4차 산업은 한마디로 제조업과 IT(Information Technology, 정보기술)의 결합이라고 할 수 있다. 제4차 산업은 공급자들이 수요자의 일반적인 경향이 아니라 수요자의 개별적인 성향을 파악하여 그들이 원하는 것에 지능적으로 대응하고자 한다. 이것은 공급자 중심에서 수요자 중심으로 산업이 바뀌는 것을 의미하는데, 이런 현상이 사회 전반에 걸쳐서 영향을 미치고 있다.

예를 들면, 학교에서는 공급자 중심의 지식주입방식을 탈피하여 교사가 아닌 학생이 학습의 중심이 되는 것이다. 이런 시대적 상황 속에서 박물관도 공급자 중심에서 관람객인 수요자 중심으로 어떻게 바꾸는가 하는 것이 앞으로의 과제라고 할 수 있다. 공급자 입장에 있는 박물관은 수요자인 관람객들이 박물관을 방문하는 동기가 무엇인지, 그리고 무엇을 경험하고 싶어하는지 파악하고 그것에 효과적으로 대응할 수 있어야 한다.

관람객들이 박물관을 둘러보는 행동 유형을 보면, 크게 네 가지로 분류해 볼 수 있다. 첫째, 개미형 관람객(ant visitor)은 벽과 전시대를 따라 걸으면서 전시물을 관찰하는데, 전체적으로 관람 시간이 길다. 둘째, 물고기형 관람객(fish visitor)은 전시실의 중앙에서 움직이기를 좋아한다. 전시실의 전시물들을 자세히 보려고 하기보다는 빈 공간을 가로지르면서 전체적으로 쭉 훑어본다. 셋째, 나비형 관람객(butterfly visitor)은 전시실 내 주어진 동선을 따라 이동하기보다는 오른쪽 벽에서 왼쪽 벽으로 날아다니듯 이리저리 옮겨 다니면서 거의 모든 전시물을 살펴본다. 멈춰 서는 시간은 전시물에 따라 다르다. 넷째, 메뚜기형 관람객(grasshopper visitor)은 박물관 내 주어진 동선을 무시하고 자기들이 관심 있는 전시물만 본다. 이 관람객들은 주로 개인적 관심이나 전시물에 대한 사전 지식에 의해 선택적으로 전시실을 돌아본다. 전체적인 관람 시간과 비교해 봤을 때 특정한 전시물 앞에 서 있는 시간이 상대적으로 긴 편이다.

관람유형에 대한 파악과 함께 관람객들의 집중력을 높이고 전시물에 대한 해설을 효과적으로 하기 위해 필요한 것이 오디오 가이드나

LED 혹은 LCD 영상, 더 나아가서 스마트폰 앱을 통한 안내 등, 다양한 디지털 기술(digital technology)의 활용이다. 이제 소셜 미디어는 박물관 소통의 본질적인 요소가 되었으며, 관람객들이 아이팟(iPod) 터치나 VR(virtual reality, 가상현실) 앱을 통해 자신들이 원하는 전시물들을 살펴볼 수 있도록 해야 한다.

이와 같은 시설을 갖추는 것이 중소형 규모의 박물관, 특히 사립박물관들의 경우 경제적으로 부담이 너무 크기 때문에 지자체나 관련 기관의 이해와 도움이 절실하다. 이런 점에서 인천광역시의 작은 박물관 활성화 사업과 박물관협의회 사업 지원이 더욱 확대될 수 있기를 기대해 본다.

우주의 불균형과
인간의 경계선

2018년 겨울은 유난히 추웠다. 우리나라 날씨가 점점 봄과 가을은 짧고 더운 여름과 추운 겨울이 길어지는 것 같다. 여름에는 태풍과 홍수, 쓰나미(tsunami)로, 겨울에는 폭설과 한파로 지구촌 구석구석이 몸살을 앓고 있다. 이 모든 것이 이상기온에 따른 자연재해라고들 한다.

인간의 기억 속에 있는 태곳적 자연재해의 대표적인 것은 대홍수이다. 대홍수 이야기는 성경뿐만 아니라 바빌론이나 그리스의 신화에도 등장한다. 이들 신화에서 보여주는 대홍수의 동기는 우주에서의 불균형이다. 땅에 인구가 넘쳐난 것이다. 땅에 넘쳐나는 인간의 소음이 신들의 잠을 방해하였고, 화가 난 신들은 인간을 파멸시키기로 작정하고 처음에는 여러 가지 재앙과 기근으로 하다가 마지막에는 대홍수로 하였다.

바빌론 신화에서 보면 땅에서 넘쳐나는 인구를 막기 위하여 신들은 여러 가지 방법을 사용하였다. 신들은 여인들이 아이를 갖지 못하도록 하고, 아이들을 빼앗아 가는 악마들을 만들었다. 그리고 인간의 수명을 제한하였다. 성경의 대홍수 이야기에서도 인간의 수명을 제한하여 "그들의 날은 백이십 년이 되리라"(창 6:3)고 하였다.

그리스의 호머(Homeric)와 헤시오딕(Hesiodic) 전통에 나오는 트로이 전쟁의 신화적인 동기는 반신반인(半神半人)의 등장이다. 여기서의 불균형은 인간존재의 혼합, 즉 반신반인으로 인한 것이다. 제우스는 반신반인의 영웅들을 죽이기 위해 트로이 전쟁을 일으켰고, 그렇게 함으로써 신과 인간 사이에 구별된 영역이 적절하게 보장받을 수 있기를 바랐다.

이러한 고대 신화의 이야기들은 오늘날 우리가 직면하고 있는 문제와 너무나 유사하다. 그 신화적 내용을 현대적인 용어로 표현하면, 인간의 번성은 인구과잉이라는 사회적, 경제적 문제이고, 반신반인의 등장은 인간의 한계를 극복하고 생명을 연장하려는 과학적, 윤리적 문제이다. 인간은 유한성을 극복하려는 시도를 끊임없이 하고 있는데, 최근에 활발하게 전개되고 있는 인공지능의 개발과 줄기세포 연구 등이 대표적이다.

고대의 신화가 현대의 과학과 무슨 관계가 있느냐고 말할지 모르지만, 오늘날 우리들의 세계를 과학이 대변하듯 신화는 고대의 사회가 공유하고 있던 세계관을 반영하고 있다. 신화는 결코 원시적인 것이 아니다. 고대인들이 자연재해나 전쟁의 비극을 경험하면서 신화를 통해 인간은 무엇인가를 고민하였던 것이다. 오늘날 가상현실, 인공지능, 줄기세포 등을 통해 끊임없이 인간의 한계를 넘어서려는 시도도 결국에는 인간이란 무엇인가를 고민하게 만들고 있다.

오늘 우리는 어디까지가 가상이고 실제인지, 어디까지가 인간이고 기계인지 분별하기 어려운 소위 반신반인의 시대에 살고 있다. 인간은 빅 데이터(Big Data)를 통해 물리적, 생물학적, 디지털적 세계를 통합시켜 개개인의 성향까지 파악해 냄으로써 이제는 무엇이든지 원하는대로 다 할 수 있는 시대가 된 것 같다. 그러나 할 수 있다고 모든 것을 다 할 수 있는 것은 아니다.

할 수 있어도 해서는 안 되는 것들이 있다. 종교는 거룩한 것과 속된 것을 구별하여 신과 인간의 경계를 두고, 인간은 항상 겸허한 자세를 가져야 한다는 것을 가르치고 있다. 윤리는 선과 악을 분별하여 악한 것은 할 수 있는 능력이 있어도 하면 안 된다는 것을 강조한다. 인간은 분명히 지켜야 할 경계선이 있는 존재이다.

봄(春)과 미투(Me Too)

봄이다. 입춘이 지나고 춘분이 되었다. 지난 겨울은 유난히 추웠다. 봄비가 내리고 개구리들이 겨울잠에서 깨어나는 경칩도 지나고 이제 춘분과 함께 낮이 길어지기 시작하였다. 봄은 해가 길어지면서 날씨가 따뜻해지고 나무에 움이 트기 시작하는 새로움의 계절이다.

우리말 봄의 어원에는 여러 가지 설이 있는데, 하나는 굳었던 땅에 움이 돋고 앙상한 가지에 새싹이 나오는 것을 "새로 본다"는 뜻에서 '보다'의 명사형 '봄'에서 유래한 것이라고 한다. 한자로 봄을 뜻하는 춘(春)은 "뽕나무에 새순이 돋는 날"을 뜻하고, 영어로 봄인 'spring'은 "바위틈 사이에서 물이 솟아 나오는 것"을 말한다. 새싹은 지극히 작고 연약하지만 굳게 얼었던 땅을 뚫고 올라오는 모습을 보면 생명의 힘이 놀랍다는 것을 새삼 느끼게 된다.

종교적으로도 봄은 새로운 시작을 의미한다. 게르만계의 일족인 튜튼족은 춘분에 그들이 섬기는 봄의 여신 이스터의 축제를 열었다. 이스터 축제는 나중에 십자가에서 죽었다가 삼 일 만에 부활한 예수 그리스도를 기념하는 기독교의 부활절이 되었다. 그래서 부활절을 영어로 '이스터'(Easter)라고 한다. 예수의 부활을 제일 먼저 목격한 사람들은 일요일 새벽에 예수의 무덤을 찾아갔던 여인들이었다.

지중해변의 우가릿(Ugarit)에서 발굴된 고대 가나안 신화에 보면, 겨울은 '모트'(Mot)라는 '죽음'의 신이 지배하였는데, '아낫'(Anat)이라는 전쟁의 여신이 '모트'를 죽였다. '모트'의 죽음으로 봄이 시작되면서 천둥의 신인 '바알'(Baal)이 되살아나 혼돈의 신인 '얌'(Yam)을 물리치고 인간에게 풍요로움을 가져다 주었다. 여기서도 봄을 가져오는 것은 '아낫'이라는 여신이다.

유대인들은 봄에 이집트에서 400년 동안 종살이를 하다가 해방된 출애굽을 기념하는 유월절을 지킨다. 이스라엘 백성들을 출애굽 시킨 모세는 어릴 때 이스라엘 남자아이는 다 죽이라는 이집트 왕의 명령 때문에 어머니가 그를 갈대 상자에 몰래 숨겨 나일 강에 띄웠는데 이집트 공주가 발견하여 목숨을 구했다.

이와 같이 신화적으로나 종교적으로 봄은 여성과 밀접한 관계를 갖고 있다. 약자인 여성들이 죽음의 권세를 가진 권력자들의 손으로부터 봄의 기운을 살려내고 새로운 시작을 하도록 하였다. 겨울이 죽음이라면 봄은 생명이다. 겨울이 남성이라면 봄은 여성이다. 겨울이 억압이라면 봄은 해방이다.

이런 점에서 한국 사회에 일고 있는 미투 운동(Me Too Movement)

은 봄을 여는 사회운동이다. 미투 운동은 성차별이나 계층 간의 갈등을 유발하고자 하는 것이 아니라 강자의 억압에서 약자들이 해방되어 공정한 사회를 이루어가고자 하는 노력이다.

봄이 되었다고 끝난 것이 아니다. 이제 시작이다. 겨울이 유난히 추웠던 만큼 여름은 더욱 무더워지고, 반면에 봄과 가을은 그만큼 짧아질 것이다. 농부들이 묵은 땅을 갈고 씨를 뿌리듯, 무더운 여름을 이기고 결실의 가을을 맞이할 수 있도록 부지런히 움직여야 한다. 우리의 몸과 마음에도 봄 새싹이 나듯 모든 사람이 다 새로운 기운과 희망으로 행복한 삶을 누릴 수 있기를 소원해 본다.

유네스코와
한국의 세계유산

2018년은 한국이 유네스코 세계유산협약에 가입한 지 30년이 되는 해다. 현재 유네스코에 등록된 한국의 세계유산은 1995년에 등재된 종묘, 석굴암과 불국사, 해인사 장경판전을 포함한 12곳이며, 경기도에는 수원화성(1997년), 강화, 고창, 화순 고인돌 유적(2000년), 남한산성(2014년) 등 세 곳이 있다. 그리고 훈민정음과 조선왕조실록을 포함한 16개가 대한민국의 세계기록유산으로 등재되어 있다.

1972년에 제정된 세계유산협약에는 자연을 환경인 동시에 유산이라는 새로운 개념을 도입하였는데, 한국에서는 2007년 제주 화산섬과 용암동굴 및 한라산이 자연유산으로 유일하게 유네스코에 등재되어 있다. 유산의 개념이 훌륭한 건축 유산부터 자연경관을 포함하고 최근에는 산업시대의 유산과 현대 건축물에 이르기까지 포괄적으로 넓혀지고 있다.

세계유산협약은 뛰어난 보편적 가치를 지닌 문화유산 및 자연유산을 보호하여 후대에 물려주는 것을 목표로 하고 있다. 유네스코에 지정된 세계유산이 전쟁이나 분쟁으로 인해 고의적으로 파괴되기도 하였는데, 아프가니스탄의 거대 불상, 알레포의 구시가지와 성채, 시리아의 팔미라 등 다수의 세계유산이 파괴되거나 훼손되는 일이 발생하였다.

유네스코 세계유산 아랍지역센터 무뇌르 부슈나키(Mounir Bouchenaki) 소장은 "유네스코 세계유산협약은 훼손된 유산의 복구를 지원하고 분쟁지역에 있는 문화유산과 자연유산을 보호하기 위해 노력하여 왔다"고 하면서 "현재 직면하고 있는 다양한 도전과제에 대응하고 있다"고 말한다.

최근에는 유산과 관련한 기억(memory)에 대한 관심이 높아지면서 인권침해와 같은 연관가치를 반영하려고 노력한다. 독일의 경우 에센시 졸라페인 탄광에 강제노역을 한 사실이나 홀로코스트로 인한 나치 시대의 희생자들을 기억하기 위한 다양한 전략을 마련해 오고 있다. 반면에 일본은 2015년 메이지 산업혁명 유산 등재와 관련한 군함도의 조선인 강제노역을 사실상 인정하지 않고 있다.

유엔인권위원회는 2009년 "진실을 알 권리를 존중하고 보장하는 것의 중요성"에 관한 결의안(A/HRC/RES/12/12)을 채택하였는데, 오사카 대학 국제 공공정책 대학원 아키히사 마츠노(Akihisa Matsuno) 교수는 "과거의 잔학행위를 부정하거나 부인하려는 의도로 기억의 유산을 파괴하거나 변화시키려는 시도가 발생할 때 기억의 유산에 대한 보존

노력은 절대적인 중요성을 갖는다. 국가는 기억해야 할 의무가 있으며 보존해야 할 의무가 있다"고 강조한다.

한국의 세계유산은 우리 고유의 자연과 역사, 사회와 문화를 가장 잘 반영한 것이며, 가장 한국적인 것이 인류가 공동으로 보존해야 할 '탁월한 보편적 가치'를 지닌 세계유산이다. 유네스코에 등재된 세계유산뿐만 아니라 우리 주변의 자연유산 보존을 위해 끊임없이 노력하고, 고유한 문화를 잘 보존해야 한다. 그리고 일제강점기의 탄압받은 역사를 바로 세우고, 인권침해와 관련한 기록물도 잘 보존하여 공동기억의 소멸이나 왜곡을 방지하도록 해야 한다.

갑질은 문화가 아니라 **질병이다**

문화란 인간이 만들어낸 사회의 주요한 행동양식으로 종교, 예술, 사상, 언어, 법과 윤리 등의 가치관을 포함한 사회 전반의 생활양식이라고 말할 수 있다. 문화는 문명과 같은 뜻으로 사용되어 문화의 발전과 문명의 발달을 함께 이해하기도 한다. 이런 점에서 문화시민이란 발달된 문명 속에 살아가는 성숙한 시민을 의미한다.

그런데 한국 사회에 문화라는 단어가 아주 저급하게 사용되고 있는 용어가 있다. 소위 '갑질문화'라는 표현인데, '갑질'이 사회 전반에 걸쳐 만연하고 있다는 부끄러운 현실을 반영한 것이다. '갑질'이란 한국어사전에 없는 신조어이다. '갑'은 계약서를 작성할 때 사용하는 용어로 '을'과 함께 계약당사자를 가리키는 말이다. 계약을 할 때 계약 당사자들이 처음에만 사람 혹은 회사 이름을 언급하고, 나머지 내용들은 A와 B, 혹은 ‘갑’과 ‘을’로 지칭하여 계약서를 작성한다. ‘갑질’은 계약 당사자 중 상대적으로 우위에 있다고 생각하는 ‘갑’의 억압적이고 인격 모독적인 행위를 빗댄 표현이다.

대한민국은 민주주의 이념 아래 “모든 국민은 자유롭고 평등한 개인으로서 존엄과 가치를 지니고 있다”는 법 인식을 갖고 있는 시민사회이다. 세계사적으로 시민사회의 출현은 절대주의 왕정으로부터 개인의 자유와 권리에 근거한 해방에 바탕을 두고 있으며, 계급사회의 신분제를 극복하기 위해 사람들의 자유의사에 기인한 계약을 기반으로 하고 있다.

계약이란 ‘갑’이든 ‘을’이든 계약 당사자들이 정해진 계약을 충실하게 이행하고 계약 안에서 최선을 다하면 된다. 그런데 계약관계를 상하관계로 인식하고 횡포를 부리는 소위 ‘갑질’은 계급사회에서 볼 수 있는 신분제도의 추한 모습이다. 직급이나 연공서열, 그리고 소속 등을 서열화하여 매사에 모든 관계를 위아래로 구분 지어 나보다 조금이라도 아랫사람이라고 생각하는 사람에게는 함부로 대하는 모습을 우리 주변에서 심심치 않게 볼 수 있다. 심지어 서비스업에서 고객에게 꼬투리를 잡히지 않기 위해 “고객님께서 주문하신 커피 나오셨습니다!”처럼 사물존칭까지 사용하는 한국어 존대법의 뒤틀림은 씁쓸하기까지 하다.

‘갑질’이란 갑과 을의 관계를 계약 당사자와의 관계로만 이해하지 않고 종속관계로 이해하는 미성숙한 시민사회의 현상이다. 오늘날 이러한 ‘갑질’이 사회적으로 크게 문제가 되고 있는 것은 사회의 양극화 현상이 심화되고 있다는 것을 보여주는 것이기도 하지만, 다른 한편으로는 계약에 정해진 관계를 넘어선 “갑질의 횡포”에 대항하여 공정한 사회를 이루고자 하는 노력이기도 하다.

‘갑질’은 문화가 아니다. ‘갑질’은 미성숙한 인간과 사회의 병리적 현상일 뿐이다. 병은 치료해야 하는 것처럼 잘못된 현상은 고쳐야 한다. 한국 사회의 의식구조상 ‘갑질’은 만성질환처럼 사회 전반에 걸쳐 만연되어 있으면서 그 뿌리도 매우 깊다고 생각된다. 그러나 성숙한 시민의식을 갖고 하나씩 고쳐 나간다면 함께 더불어 사는 보다 건강한 시민사회를 이루어 나갈 수 있을 것이다.

월드컵과 **시민의식**

1990년 독일에 처음 갔을 때 기억이 난다. 당시 베켄바우어 감독이 이끄는 독일 팀이 월드컵 우승을 하였다. 우승이 확정되는 순간 밤거리에는 사람들이 거리로 쏟아져 나오고 차량은 경적을 울리며 기뻐하던 모습이 매우 인상적이었다. 독일은 1989년 11월 베를린 장벽이 무너지고 1990년 7월 이탈리아 월드컵에서 우승하였으니 경사가 겹친 것이나 마찬가지였다.

축구는 독일인들이 가장 좋아하고 사랑하는 국민스포츠이다. 당시 독일 사람을 만나 한국인이라고 소개하면 "차붐을 아느냐?"고 인사하는 것이 일반적일 정도였다. '차붐'은 독일에서 1989년까지 12년 동안 분데스리가에서 98골을 넣은 '차범근' 선수를 독일식으로 부른 이름이다.

2018년 6월 27일 월드컵 경기에서 한국대표팀이

디팬딩 챔피언이요 FIFA 랭킹 1위인 독일대표팀을 2대 0으로 이겼다. 외신들은 독일이 조별 리그에서 탈락한 것은 월드컵 역사상 가장 충격적인 사건이라고 한다. 그만큼 독일이 대한민국을 당연히 이길 것으로 여겼다. 그러나 한국대표팀의 투지와 선전이 마치 다윗이 골리앗을 물리치듯 독일대표팀을 보기 좋게 이겼다.

한국이 월드컵 경기에서 독일을 이기는 것을 보고 7월 1일 독일을 방문했다. 월드컵 경기에 대해 독일 사람들이 어떻게 생각하는지 궁금하여 현지에서 만난 독일 사람들에게 한국 사람이라고 소개하고 한국이 독일을 이긴 것에 대해 어떻게 생각하는지 물어보았다.

내가 만난 독일 사람들은 대부분 아쉬운 마음을 토로하면서도 한국대표팀이 경기에서 이긴 것을 축하한다는 말을 잊지 않았다. 독일대표팀의 패배가 충격이기도 하였지만, 일부 사람들은 독일 선수들이 너무 교만하고 상대 팀을 우습게 생각하였기 때문에 이번 기회에 그들이 정신을 차리고 겸손해지기를 원한다고 말하였다.

독일 사람들은 여전히 축구를 사랑한다. 비록 독일이 16강에 진출하지 못했지만, 많은 사람이 16강에 오른 국가들의 경기를 빠짐없이 보면서 나름대로 즐기고 있다. 가정에서 TV를 시청하기도 하지만, 식당이나 주점에 설치된 대형화면을 보면서 맥주를 마시고, 신나게 웃으며 대화를 나누고 있다.

야외 식탁에 앉아 글을 쓰는 나에게 한 어린아이가 다가와 "쥐드 코리아"(Süd Korea, 남한 사람)이냐고 물어 본다. "그래, 한국 사람이야"라고 대답했더니 입을 귀엽게 비쭉거리며 한국 축구팀이 독일 축구팀을 이겨서 독일이 월드컵에서 탈락했다고 속상해 한다. 함께 서 있던 아빠가 위로하듯 웃으며 아이의 손을 잡고 옆 테이블에 앉아 16강전을 펼치고 있는 다른 나라의 경기를 즐겁게 본다.

이번에 독일이 비록 월드컵 조별리그에서 탈락하였지만, 독일인들은 여전히 축구 선수들과 감독을 존중하고 축구를 사랑하고 즐긴다. 우리나라도 월드컵 때만 반짝하면서 결과에만 집중하지 말고 평소에 축구 선수들과 감독을 존중하는 성숙한 시민의식과 축구를 사랑하는 스포츠맨십을 가지면 좋겠다. 다음 월드컵 때는 남북통일의 꿈이 현실화되고 16강을 넘어 2002년의 월드컵 신화를 재창조할 수 있기를 소망해 본다.

관동 대지진과 **역사의 진실**

2018년 9월 1일 인천광역시박물관협의회 주관으로 일본 도쿄의 박물관을 탐방하면서 재일한역사자료관을 방문하였다. 재일한인역사자료관은 재일동포의 역사를 후세에 남기고 전하기 위해 2005년 도쿄 미나투구에 개설되었다. 재일한인역사자료관을 방문한 9월 1일은 관동(關東) 대지진이 일어난 지 95주년이 되는 날이었다.

1923년 9월 1일 일본 가나가와현 사가미 만을 진앙지로 발생했던 큰 지진으로 15만여 명이 사망, 실종되고 10만 채 이상의 건물이 전파되는 엄청난 피해를 입었다. 이로 인해 정부 조직이 마비되고 관동 지방은 총체적인 혼란에 빠져 계엄령이 선포되었다. 문제는 관동 대지진의 2차 피해로 당시 일본에 살고 있던 조선인들이 대규모 학살을 당한 것이었다.

대지진의 극심한 피해로 인해 민심이 흉흉할 때 조선인들이 우물에 독을 풀고 방화와 약탈을 하고 있다는 헛소문이 나돌았다. 이에 일본인 자경단들이 조선인들에 대한 무차별 학살을 가하여 6천 명 이상이 희생된 것으로 추정하고 있지만, 아직까지도 정확한 수치가 확인되지 않은 상태이다. 당시 일본인들은 조선인들을 구별하기 위해 어려운 탁음을 발음해 보도록 해서 제대로 말하지 못하면 무조건 죽였는데, 조선인들뿐만 아니라 중국인들과 지방에서 올라온 일본인들 중 일부도 희생제물이 되었다고 한다.

중국정부는 중국인들의 희생에 강력한 항의를 하여 일본 정부에서 사과를 하였지만, "조선인들이 우물에 독을 타고 방화와 약탈을 했다"는 것이 날조된 유언비어임이 밝혀졌음에도 희생된 조선인들에 대한 일본정부의 사과나 진상규명이 아직까지도 제대로 이루어지지 않고 있다.

일제 강점기에 강제노역으로 일본에 끌려가 온갖 고생과 희생을 하였던 재일동포들 중 많은 이들이 해방 후 귀국하였지만, 여러 가지 사정으로 인해 귀국하지 못하고 일본에 그대로 머무른 사람들도 많았다. 일본에 남아 있던 재일동포들은 자신들의 어려운 형편 속에서도 새마을운동과 88서울올림픽 등, 대한민국의 발전에 아낌없이 힘을 보태왔다.

2019년은 3·1운동 1백 주년이 되는 해이다. 3·1운동의 시발점이 된 것은 일본 도쿄에서 조선 유학생들이 1919년 2월 8일 독립선언을 한 사건이었다. 관동 대지진 때 조선인들에 대한 대규모 학살을 하게 된 이유 중 하나가 2·8 독립선언과 3·1운동에서 보여준 조선인들의 자주 정신과 독립의식에 대한 일본인의 두려움 때문이었을 것이라고 한다.

대한민국은 뛰어난 IT산업과 한류열풍으로 세계 각국에 위상을 높여가고 있다. 일본의 경우 많은 한국인 관광객들이 방문하고 있고, 한국인들에 대해 우호적인 태도를 보이는 일본인들도 많이 있다. 그럼에도 불구하고 일본에 살고 있는 재일동포들의 삶과 권익을 위해서는 아직도 해결하고 극복해야 할 과제들이 많이 있다.

재일한인역사자료관을 방문하고 돌아온 그날 저녁 아시안게임 축구 결승전에서 한국대표팀이 일본대표팀을 이기고 금메달을 획득하였다. 스포츠의 매력은 경기에 최선을 다해 임하고 승패의 결과에 깨끗이 승복하는 것이다. 이와 같이 역사의 진실을 대하는 태도도 깨끗했으면 좋겠다. 왜곡된 역사의 진실을 올바르게 밝혀 그 결과를 솔직하게 인정하고 사과하면서 서로 동등한 입장에서 새로운 출발을 할 수 있기를 바란다.

언어(言語)의 힘

독일의 철학자 하이데거는 "언어는 존재의 집"이라는 말을 하였다. 인간은 언어를 통해 세계를 인식한다는 뜻이다. 언어의 사전적 의미는 "생각이나 느낌을 음성 또는 문자로 전달하는 수단 및 체계"이다. 인간이 다른 동물들과 구별되는 가장 큰 요인 가운데 하나는 언어를 통하여 복잡하고 다양한 고등문명을 발달시켜 온 것이다. 언어는 입으로 전해지는 말인 구어(口語)와 그것을 부호 즉 글로 나타낸 문자(文字)로 되어 있다.

말(言)은 말(馬)과 같아서 운동력이 있다. 좋은 말은 상대방에게 위로를 주지만 나쁜 말은 눈에 보이지 않는 칼과 같이 상대방의 마음에 깊은 상처를 안겨 주기도 한다. 말 한마디 잘못해서 자기 자신이나 다른 사람들에게 화를 미치는 것을 설화(舌禍)라고 한다. 말을 하되 신중하게 하고, 말 잘하는 사람이 되기보다는 잘 말하는 사람이 되어야 한다.

한편, 말은 한 번 하고 나면 기억력에 의존하여 존재하기 때문에 오래 보존되기 어렵다. 눈에 보이지 않는 말을 오랫동안 보존하고 전달할 수 있도록 하기 위한 수단으로 문자가 개발되었다. 문자의 기원과 관련하여 고대 수메르어나 이집트 상형문자, 중국의 한자 등이 언급되고 있지만, 1446년에 세종대왕이 창제하여 반포한 한글은 세계에서 탄생 기록을 갖고 있는 유일한 문자이다.

해마다 10월 9일 한글날을 맞이하면 다양한 시각에서 한글의 우수성을 이야기한다. 한글은 세계에서 가장 발달된 음소문자라고 하는 학자들이 있는가 하면, 가장 과학적인 문자라는 평가를 하기도 한다. 그러나 언어의 우수성은 문자 자체가 갖고 있는 과학성뿐만 아니라 그 문자로 표현된 글의 힘에 있다.

이스라엘 사람들은 자기들의 언어인 히브리어가 하나님의 말씀을 기록한 언어라는 자부심이 있다. 히브리어는 22개의 알파벳으로 되어 있는데, 그리스어 알파벳에 영향을 준 페니키아어와 같은 가나안 방언이다. '알파벳'이란 용어가 그리스어의 첫 번째 글자인 '알파'와 두 번째 글자인 '베트'의 합성어이지만, 히브리어는 페니키아어와 함께 알파벳의 원조라고 할 수 있다.

영국의 엘리자베스 여왕은 '로미오와 줄리엣', '햄릿', '리어왕', '한여름 밤의 꿈' 등 세계적인 작품으로 유명한 윌리엄 셰익스피어(William Shakespeare)를 두고 "국가를 모두 넘겨주더라도 셰익스피어 한 명만은 못 넘긴다"는 유명한 말을 하기도 하였다. '젊은 베르테르의 슬픔', '파우스트' 등으로 유명한 독일의 괴테는 독일어에 대한 무한한 자부심을 갖도록 하였다. 미국의 독립선언문을 기초한 벤자민 프랭클린(Benjamin Franklin)은 "나에게 26명의 납 군인만 있다면 나는 세계를 정복할 수 있다"는 말을 하였다. 26명은 영어 알파벳의 숫자이고, 납 군인은 타자기를 말한다. 나에게 영문타자기 한 대만 있다면 나는 세계를 정복할 수 있다는 말이다.

영어의 '스펠'(spell)이라는 단어가 '철자'라는 뜻도 있고, '주문' 혹은 '마법'이라는 뜻도 있는 것처럼, 언어는 알게 모르게 우리의 행동을 지배하는 힘이 있다. 앞으로 한글이 아름다운 시와 노래, 그리고 진실하고 영향력 있는 글들을 통하여 많은 사람에게 위로를 주고, 세계인들에게 감동을 선사하는 언어가 되어간다면 한글이 갖고 있는 과학적 우수성은 더욱 돋보이게 될 것이다.

자유공원과
13도 대표자회의

봄을 맞이하면서 전국 각지에 벚꽃축제를 비롯한 다양한 축제들이 성황리에 열리고 있다. 인천 자유공원에서도 2019년 4월 11일 대한민국임시정부수립 100주년 기념식과 함께 벚꽃축제가 열렸다. 인천광역시 중구에 있는 자유공원은 19세기 말 러시아인 토목기사가 설계한 최초의 서구식 공원이다. 당시 제물포에 외국인 거주자들이 많았는데, 그들을 위해 만국공원이라고 불렀다. 만국공원은 1957년 자유공원으로 이름을 바꾸고 인천상륙작전을 지휘하였던 UN군 총사령관 맥아더 장군의 공을 기리는 뜻에서 그의 동상을 만들어 놓았다. 현재 자유공원 안에는 그의 동상과 함께 한미수교 100주년 기념탑이 세워져 있다.

1919년 3월 1일 서울에서 독립선언문이 발표된 후 당시 인천은 일본인을 포함한 외국인들이 많이 거주

한 곳이었지만, 3월 6일 인천공립보통학교(현 창영초등학교)의 동맹휴학을 시작으로 여러 지역에서 만세운동을 하였다. 특히 인천은 3·1운동의 결과물인 '임시정부' 수립을 위한 집합장소였다. 만세운동이 시작된 이후 3월 17일 서울 내수동 한성오 검사의 집에 모인 이들은 4월 2일 인천 만국공원에서 전국 13도 대표회의를 열어 임시정부를 수립하고 그 명칭을 '한성정부'로 하기로 하였다.

4월 2일 당일 대회는 "손가락에 흰 종이나 헝겊을 감는 것"으로 표시를 하였는데, 약 20여 명이 만국공원 인근의 한 음식점에 모여 회합을 하였다. 현재 그 음식점의 정확한 장소를 확인할 수 없는 아쉬움이 있지만, 이 대회가 3·1운동 기간 동안 국내에서 조직된 임시정부 수립을 위한 유일한 사전 협의였다는 데에 의의가 있다.

이번에 대한민국임시정부수립 100주년과 연계하여 벚꽃축제를 개최하면서 홍인성 중구청장도 자유공원이 "100년 전 한성임시정부 수립을 위해 13도 대표자회의가 열렸던 곳"임을 강조하고 "자유공원에서 벚꽃과 역사문화를 동시에 즐길 수 있기를 바란다"고 하였다.

자유공원과 함께 인천에서 벚꽃을 즐길 수 있는 대표적인 장소가 인천대공원이다. 인천대공원에는 백범 김구의 동상이 세워져 있다. 백범 선생은 인천에서 두 차례 감옥 생활을 하고 인천항 축조공사에 동원되어 노역을 하였다. 그는 백범일지에 "수형생활을 하는 동안 인천 개항장을 통해 유입된 신문물을 익히며 항일운동가로서의 사상을 정립했다"고 기록했다. 백범은 우리나라가 세계에서 가장 아름다운 나라가 되기를 원한다고 하면서 "오직 한없이 가지고 싶은 것은 높은 문화의 힘"이라고 말하였다.

오늘날 우리나라는 전국 각처에서 여러 가지 문화행사와 활동을 하고 있다. 이제 우리들 주변에서 흔히 볼 수 있는 다양한 축제들과 문화행사들이 문화향유의 기회를 제공하고 지역사회를 활성화할 뿐만 아니라 우리의 역사에 대한 성숙한 인식과 토착 문화에 대한 자부심을 갖도록 하는 데 기여해야 한다고 본다.

2018년 8월 인천광역시의회에서 박남춘 시장은 인천대공원에 세워져 있는 백범 김구 선생의 동상을 백범 선생이 노역하였던 인천 내항 쪽으로 이전할 계획에 대해 언급한 바 있는데, 이와 함께 자유공원에 '13도 대표자회의'의 가치를 재조명하고 그 역사적인 날을 기억하는 기념비나 조형물도 건립된다면 더욱 큰 의미가 있지 않을까 생각한다.

카르텔과 공정한 사회

강릉의 오죽헌에 가면, 입구에 율곡 이이의 동상과 함께 견득사의(見得思義) "이득을 보면 옳은 것인가를 생각하라"는 글귀가 새겨져 있다. 사회의 지도층 인사가 되면 상대적으로 이득을 볼 기회가 많아진다. 그래서 사람들은 높은 자리에 있을 때 지위나 권한을 이용하여 이득을 취하려고 하고 어떻게 해서든 자신의 기득권을 유지하려고 한다.

이와 관련하여 요즘 인터넷이나 TV 뉴스에 '카르텔'이라는 말이 심심치 않게 등장한다. 카르텔은 경제적인 용어로 가격, 생산량, 시장점유를 조정하기 위한 기업 간의 담합을 의미하지만, 정치, 언론과 경제 권력의 카르텔, 대기업(재벌)과 주류언론, 제도정치권 간의 파벌을 카르텔이라 부르기도 한다. 여기서 카르텔은 우리 사회에 만연한 혈연, 학연, 지연 등 어떤 목적을 위해 서로 돕고 밀어주는 사람들 간의 연결고리들이라고 할 수 있다.

이런 의미에서 카르텔은 마약 카르텔, 법조 카르텔, 침묵의 카르텔 등, 부정적인 뜻에서 많이 사용되고 있다. 마약 카르텔은 마피아와 비슷한 기업형 구조에 수직적 범죄조직으로 주로 마약을 생산, 밀매하여 수익을 올리는 집단이다. 법조 카르텔은 강한 기수 문화 아래 결속된 일종의 사법시험 카르텔로 법조 브로커들에 의한 법조비리 사건의 뿌리라는 부정적인 인식이 있다. 침묵의 카르텔은 '체육계 미투'에서 불거진 것으로 사회집단이나 이해집단에서 불리한 문제 혹은 현상이 발생했을 경우 조직적으로 침묵하고 은폐하는 것을 의미한다. 침묵의 카르텔은 사회심리학적으로 보고도 못 본 척, 알고도 모르는 척하며 문제 자체를 덮는 일종의 담합행위이다.

카르텔은 특정 집단에 의한 독점을 야기하기 때문에 사회 전 분야에 걸쳐서 자율적인 공정경쟁을 가로막는다. '정의'를 뜻하는 라틴어 '유스티티아'(justitia)는 '법 관행'(practice of jus) 혹은 '바른(공정한) 관행'(just practice)을 의미한다. 하버드 대학교에서 정치철학 교수를 지낸 존 롤스(John Rawls)는 정의를 "공정성으로서의 정의"라고 정의하였다. 그에게 정의는 나와 남의 자유가 양립할 수 있는 평등한 자유의 원칙, 약자에게 혜택이 돌아갈 때만 불평등이 허용된다는 최소 수혜자 우선 고려 원칙, 직무와 직위가 만인에게 열려 있는 공정한 기회의 평등 원칙으로 구성된다.

공정성으로서의 정의란 공동체의 구성원들 가운데 낙오된 사람이 없도록 하는 평등과 서로 보살피고 존중하는 신뢰를 근간으로 하고 있는데, 오늘날 각계각층의 사람들이 저마다 정의를 말하고 있지만 우리

사회가 구현해야 할 올바른 정의가 무엇인지 다시 한 번 생각하게 된다.

한국사회에서 사회정의와 관련한 문제들로는 대표적으로 입시 제도를 중심으로 한 교육시스템과 소득분배, 그리고 불공평한 법 집행 등이 있다. 학업의 결과는 다를 수 있지만 적어도 기회는 모두 균등하게 주어져야 하는데, 우리나라의 교육시스템은 여전히 불공평한 기회와 경쟁구조라는 인식을 갖고 있다. 사회적으로 복지에 대한 관심이 늘어남에도 불구하고 경제적 양극화는 더욱 심화되고 있고 법조계에서는 전관예우, 스폰서 검사, 고액 수임료, 불공정한 재판 등에 관한 말이 끊이지 않고 있다.

사회의 지도층에 있는 사람들이 자신의 기득권을 이용하여 이익을 추구하는 세태를 보면서 '견득사의'(見得思議), 이득을 볼 기회가 있을 때 무조건 챙기기보다 이것이 공정한 것인지, 의로운 것인지 반문하며 삼가는 공인(公人)의 자세가 그립다.

100년 전 오늘은

3·1운동 100주년을 맞이하여 다양한 행사를 가졌던 2019년과 달리 2020년은 전 세계로 확산된 코로나19(신종 코로나바이러스) 감염자가 한국에서도 속출함으로 심각한 상황에 놓여 있다. 한국은 초기에 효과적으로 대처하는 듯했지만, 대구 신천지 집회 참석자들의 집단 감염이 발생하면서 전국적으로 급속하게 퍼져 확진자가 3,000명을 넘어섰다. 이에 박물관은 임시 휴관을 하고, 각 학교는 개학을 연기하였으며, 집단시설이나 다중 이용시설들을 집중적으로 방역하는 등, 코로나19의 지역사회 확산방지에 총력을 기울이고 있다.

100년 전 3·1운동과 강우규 열사의 투탄의거 등, 독립의 열기가 고조되던 1919년과 1920년에는 전염병인 콜레라의 유행으로 큰 피해를 보았다. 당시 통계에 따르면, 1919년은 1만 6,991명(사망 1만1,084명)의

환자가, 1920년은 2만 4,229명(사망 1만 3,568명)의 환자가 발생하여 일제 강점기 기간 중 가장 많은 사람이 전염병으로 희생을 당했다.

콜레라는 본래 인도 벵골 지역에서 발생했던 풍토병으로 19세기에 서구 열강의 식민지 개척 등으로 인해 동남아시아를 거쳐 전 세계로 급속하게 퍼져 나갔다. 미국은 1832년 뉴욕에서 처음 발생하여 사망률이 50%에 이를 정도로 치명적이었다. 당시 콜레라의 발생 원인을 명확하게 규명하지 못한 채 유행성 콜레라를 어떻게 해서든 통제하려고 다양한 시도를 하였다.

미국내 종교인들은 "부조리한 미국 사회의 체제" 때문에 콜레라가 발생했다고 주장하기도 하고, 전염병이 급증한 아일랜드 이민자들 때문이라는 반(反)이민 정서가 나타나기도 하였다. 그러나 콜레라의 발생 원인이 비위생적인 환경에 있다는 판단을 하고 정화조 설치와 하수처리 시설 설립 등 위생개혁과 전문 의료 인력의 활용, 공중 보건법 제정 및 의사 전문성 강화를 통한 의료개혁을 통해 효과적으로 통제할 수 있게 되었다.

1919년과 1920년 식민지 조선은 유행성 콜레라를 쥐 병 혹은 호열자라고 하였는데, 미신적인 태도와 각종 유언비어, 그리고 조선총독부의 방역 정책에 대한 반발과 보균자 수용을 둘러싼 경찰과의 충돌 등으로 효과적인 방역에 어려움을 겪었다. 그러나 3·1운동 이후 문화통치하에 발행한 조선어 신문을 통해 콜레라 예방을 위한 주의 사항을 적극적으로 알릴 수 있게 되었다. 방역 당국의 무책임하거나 강압적인 태도에는 반발하면서도 근대적 방역 활동은 수용하고, 전국 각지에서 활발하게 조직된 청년회 등, 자발적인 방역단의 활동으로 전염병 예방과 소독 등, 공중위생과 질병 예방에 대한 의식을 높이게 되었다.

100년 전과 비교할 때 한국의 현대 의료기술이나 공중보건은 세계적인 수준에 이를 만큼 발전하였다. 방역 당국의 효과적이고 책임 있는 활동과 국민들의 적극적인 협조로 코로나19를 조속히 극복할 수 있기를 바란다. 특히 언론은 공중보건의 차원에서 방역 당국의 정책에 대한 건설적인 비판과 올바른 정보 전달로 코로나19의 확산방지와 치유를 위해 노력하고, 지역 사회의 갈등을 최소화함으로 성숙한 시민의식을 갖도록 해야 한다.

3·1운동은 만세만 부른 것이 아니라 "대한의 주권은 대한시민에게 있으며, 누구도 침범할 수 없는 천권"임을 천명하면서 '독립'과 동시에 '민주공화'의 실현을 선언한 시민주권시대의 첫걸음이었다. 오늘 이 시대에 3·1운동의 진정한 의미는 기념식을 통해서가 아니라 국가적 위기와 어려움을 성숙한 시민의식으로 극복해 나가는 것이다.

이런 때일수록
서로 존중하고 협력해야

현대 사회를 특징짓는 키워드 중 하나는 '세계화'(globalism)이다. 세계화는 운송 및 통신 기술의 발전으로 인해 전 세계가 네트워크를 형성함으로 가속화되고 있다. 그러나 지금 세계화의 대표적 현상은 코로나19의 글로벌 확산이다. 세계보건기구(WHO)는 "코로나19의 세계적 대유행(팬데믹, pandemic)이 현실화됐다"라고 밝혔다. 2020년 4월 5일 현재 전 세계의 코로나19 확진자가 100만 명을 넘어섰으며, 180개 국가 및 지역에서 확진자가 나오고 있다.

세계 각국은 코로나19 확산을 막기 위해 해외 유입 차단, 환자 발견과 접촉자 격리조치 등에 사력을 다하고 있다. 한국의 경우 적극적인 코로나19 검사와 신속한 방역 조치, 역학조사와 접촉자 격리를 중심으로 한 고강도 방역봉쇄망 구축이 어느 정도 실효를 거두고 있으며, 계속해서 국민에게 사회적 거리 두기 실천을 강조하고 있다.

인천광역시는 시민들에게 4월 4일부터 19일까지 인천대공원, 수봉공원, 자유공원, 월미공원을 폐쇄한다는 안내 문자를 보냈는데, 봄철 꽃놀이로 인해 각 공원에 인파들이 몰릴 것을 예상하고 사회적 거리 두기의 목적으로 시행하고 있다.

코로나19의 펜데믹으로 인한 각국의 봉쇄정책은 국가주의를 가속화하고 국제적 운송수단의 위축과 글로벌 경제의 위기에 따른 세계질서의 변화를 예고하고 있다. 우선 코로나19의 확산방지와 퇴치를 위해 방역 당국의 조치에 잘 협조하고, 국가 간에 방역과 임상 분야의 적극적인 협력과 노력이 절실히 요구된다. 코로나19가 중국 우한에서 처음 발생하였기 때문에 초기에 중국인을 안 막아 한국에서도 코로나19가 터졌다고 정부를 비판하기도 하고, 유럽이나 호주에서는 거리에서 동양인을 코로나바이러스인 양 공공연히 모욕하는 일이 벌어지기도 한다.

그러나 코로나19는 특정 국가나 지역, 혹은 특정 인종에 국한된 문제가 아니다. 코로나19는 인간을 구별하지 않는다. 모든 인간은 바이러스에 걸릴 위험이 존재한다. 바이러스의 입장에서 보면 인간은 다 똑같다. 코로나19의 위협은 내국인이든 외국인이든, 도시든 농촌이든, 부자든 가난한 사람이든 모두에게 공통으로 주어진 위험이다.

자연은 인간을 구별하지 않는다. 인간을 구별하는 것은 인간이다. 해외에서는 코로나19의 위협에 부자들은 호화로운 도피처에서 생활하고, 가난한 사람들은 피할 곳이 없어 거리에 방치되는 곳도 있다고 한다. 코로나19를 극복하기 위해 이웃 간에, 지역 간에, 나아가 국가 간에 서로 존중하고 협력하면서 공동 대처를 해 나가는 것이 중요하다.

각국의 봉쇄조치가 특정 국가나 인종에 대한 혐오감을 조장하는 것이 되어서는 안 된다. 키신저 전 미 국무장관(96세)은 "코로나19 펜데믹은 국제화 시대에 역행하는 시대착오적인 배타적 국수주의(國粹主義)의 부활을 촉진하고 있다"라고 하면서 "세계의 민주국가들은 계몽사상의 가치를 지키고 지속해야 한다"고 강조한다.

코로나19 확산방지를 위한 사회적 거리 두기는 서로 피해를 주지 않으려고 배려하는 노력이지 상대방을 피하기 위한 적대감의 표현이 아니다. 사회적 거리 두기의 가치는 상호존중과 신뢰이다.

정부나 지자체에서는 코로나19로 인해 어려움 당하는 사람을 돕자는 취지로 막대한 예산을 들여 재난지원금을 지급하려고 한다. 코로나19로 인한 어려움은 모든 국민이 다 겪고 있는 것이기 때문에 재난지원금의 선별적 지원에 따른 형평성 논란과 불만의 목소리에도 귀를 기울임으로써 침체된 사회 전체를 활성화하는 데 이바지할 수 있기를 바란다.

포스트 코로나 시대의 박물관

"마스크를 쓴 모나리자"는 코로나19의 세계적 유행(pandemic)으로 인한 박물관의 현실을 상징적으로 보여준다. 코로나19의 확산방지를 위해 이탈리아 바티칸박물관에서 워싱턴DC의 스미소니언박물관까지, 파리 루브르박물관에서 한국의 국립중앙박물관까지 전 세계 대부분의 박물관이 임시 휴관을 하였다.

박물관 휴관은 전시계획의 차질을 가져오고, 박물관 수익구조와 박물관 근무자들의 고용에 대한 불안감을 가중시킨다. 미국의 대표적인 박물관이라고 할 수 있는 뉴욕 맨해튼의 메트로폴리탄 박물관은 코로나19 사태로 7월까지 휴관이 계속될 경우 1억 달러의 손실을 볼 것이라고 한다. 다니엘 관장은 "지금은 유례없는 도전의 시간"이라고 하면서 "우리 모두 소중한 유산을 지키고 보존해야 할 막중한 책임을 갖고 있다"고 말한다. 코로나19로 인한 휴관으로 연간 3억3천만 달러의 예산과 36억 달러의 기부금을 보유한 메트로폴리탄 박물관이 긴급한 재정적 문제에 직면하고 있다면, 다른 박물관들은 더 말할 것도 없다.

2020년 3월 25일 문화체육관광부 박양우 장관은 종로구의 노알미술관과 목인박물관 목석원을 방문해 코로나19 여파로 어려움을 겪고 있는 사립박물관·미술관 현장 상황을 직접 청취하고 지원 대책을 논의하였다. 박물관과 미술관이 직면하고 있는 어려움을 완화하기 위해 정부나 지자체의 적극적인 관심이 요구된다.

박물관의 휴관은 그동안 사람들에게 박물관이 어떤 역할을 하였는지 다시 생각하게 한다. 박물관은 관람객들에게 공감 능력을 키워줄 뿐만 아니라 예술 작품을 보면 스트레스와 불안감을 감소시키고 동기부여와 기분을 좋게 해 준다. 점심시간에 박물관이나 미술 갤러리를 방문하면 스트레스를 상당히 감소시킨다는 연구 결과도 있다. 어떤 사람에게는 그림을 보는 것이 사랑에 빠진 것과 같은 기쁨을 주기도 한다.

코로나19 사태로 인해 박물관을 직접 방문하는 것이 어렵게 된 상황에서 대중들과 계속해서 문화를 공유하기 위해 비대면(untact)으로 박물관을 방문할 수 있는 '언택트 뮤지엄'(Untact Museum)에 대한 관심이 증가하고 있다. 세계 각국의 박물관들은 인스타그램(Instagram) 해시태그 #MuseumFromHome을 통해 그들의 전시물과 유물들에 대한 다양한 정보를 제공해 주고 있다. 한국박물관협회에서도 〈방구석 뮤지엄 투어〉를 통해 국내외의 다양한 박물관들을 인터넷으로 찾아갈 수 있도록 소개하고 있다.

앤드류 쿠오모 뉴욕주지사는 4월 8일 "코로나 이전의 시대로 돌아갈 수 없을 거라고 생각한다"고 하였으며, 빌 게이츠 재단은 "코로나19 사태가 이번으로 그치는 것이 아니라 앞으로 유사한 팬데믹 사태가 반복될 것"이라고 경고했다. 한국의 질병관리본부도 "코로나 이전 세상은 이제 다시 오지 않고, 생활 속 방역활동이 우리의 일상이 될 것"이라고 강조한다. 이제는 코로나바이러스와 함께 살아가며 생존해야 하는 포스트 코로나 시대가 되었다.

포스트 코로나 시대의 박물관은 '언택트' 문화에 익숙해진 관람객들의 효과적인 관람을 위해 빅데이터, 인공지능(AI)와 서비스 로봇의 활용을 적극적으로 추진할 것이다. 그러나 더욱 중요한 것은 박물관이 변화하는 시대의 사회적 가치를 재정립하는 문화적 중추역할을 해야 한다는 점이다. 무엇보다도 코로나19 사태로 인해 심각한 피해를 본 미국과 유럽을 보면서, 그들의 글로벌 리더십과 선진문화에 대한 환상이 깨지고 있다.

포스트 코로나 시대의 박물관은 국가 간 혹은 지역 간 문화적 차이에 따른 우열을 가리는 것이 아니라 자기 문화를 소중히 여기고 다른 문화를 존중하는 성숙한 시민의식을 고취하면서 보편성과 평등주의에 기초한 글로벌 공조와 서로 간의 신뢰구축에 이바지해야 한다.

박물관과 함께한 10년

새로운 도전으로의 **부르심**

2010년 2월 말 주안교회에 새로 부임한 임봉대 목사. 주안교회의 자랑인 국제성서박물관을 담당하는 목사로서 부임했다는데, 앞으로 목사님과 함께할 국제성서박물관의 크고 작은 변화들을 기대해본다.

주안교회로의 부르심

임봉대 목사님은 2008년 미국에서 한상호 담임목사님과의 만남이 계기가 되어 우리 교회 국제성서박물관에 대해 알게 되었다. 임봉대 목사님은 2010년 2월 버클리 연합신학대학원(GTU)에서 박사학위(Ph.D.) 논문이 통과된 후 박물관 사역을 위

로버트 쿠트 교수(좌)와 제프리 콴 교수(우)

해 바로 귀국하였다.

살아있는 박물관을 꿈꾸다.

박물관 사역? 우리에게는 다소 생소한 영역일 것이다. 박물관에서 무슨 사역을 할 수 있겠냐는 생각이 들기도 하겠지만, 목사님의 말은 이러한 우리의 생각과는 전혀 달랐다.

"박물관 사역은 정말 의미 있는 사역입니다. 이미 세계교회에서 한국교회가 갖고 있는 비중이 크고, 한국교회도 이제는 세계에 내놓을 만한 성서박물관이 있어야 한다고 생각합니다. 사실 우리 국제성서박물관은 세계에 내놓을 만한 가치가 충분히 있습니다. 그동안 해외에서 여러 박물관을 다녀보았지만, 국제성서박물관만큼 다양하고 많은 성경을 소장하고 있는 곳은 없었어요. 우리 박물관이 가진 장점을 잘 살리고, 서로 협력하면 한국교회가 자랑할 만한 박물관으로 자리매김할 수 있을 것입니다."

주안교회 성도님들께

"개인적으로는 한경수 감독님이 평생을 통해 헌신하신 박물관에 와서 사역을 할 수 있게 된 것에 대해 감사드립니다. 그러나 박물관이 우리 주안교회뿐만 아니라 한국교회가 자랑할 만한 박물관이 되고, 외국에서 오는 사람들도 인천에 오면 인천명소로써 이 박물관을 찾아오도록 하는 것이 저의 바람입니다. 박물관은 신앙과 영적인 교육장소입니다. 말로만 듣는 것이 아니라 직접 보고, 체험하는 생명력 있는 장소입니다. 주안교회 교우들도 함께 기도해주시고 협력해주시기 바랍니다."

인터뷰를 마치며, 얼마 전에 개봉했던 '박물관은 살아있다'는 영화가 떠올랐다. 박물관 직원을 선두로 박물관의 모든 전시물이 밤마다 살아서 움직인다는 내용인데, 임봉대 목사님을 통해 국제성서박물관도 날마다 살아나는 역사를 보게 될 것이라는 기분 좋은 예감이 든다. 성서박물관에서 살아난다면 성경 말씀이 살아나는 것 말고 무엇이 있겠는가? 이 '살아남'이 교회와 지역사회와 더 나아가 한국, 그리고 세계에까지 좋은 영향력을 전해주기를 소망해본다.

(취재 이선영, 2010년 3월)

국제성서박물관 역사문화탐방-성공회 강화읍성당(2010년)

복합적인 문화,
교육 공간으로서의 박물관

박물관은 더 이상 과거의 유물들을 전시해 놓은 고리타분한 곳이 아니다. 이제 박물관은 즐기고 배우는 곳이며 다른 어느 교육기관이 제공해 줄 수 없는 소중한 문화유산들을 직접 보며 체험할 수 있는 교육기관으로 인식되고 있다. 이것은 박물관이 유물을 수집, 조사, 연구, 전시하는 기관에서 서비스 기관으로 탈바꿈하고 있다는 뜻이기도 하다. 이와 같은 시각을 갖고 2010년 국제성서박물관에 부임한 후 1년 동안 나름대로 다양한 시도를 하였는데, 성도들의 적극적인 기도와 협력을 통하여 국제성서박물관이 새롭게 도약할 수 있는 여러 가지를 준비할 수 있었다.

국제성서박물관은 성경을 진열해 놓은 전시실이라는 일차적인 기능에 머물러 있어서 전시와 교육이라는 다양한 기능을 하는 복합적인 전시공간으로 탈바꿈

개관16주년 기념식 및 감사예배(2011년)

할 필요가 있었다. 그래서 전시실의 오래된 카펫을 전면교체하면서 전시실 공간의 일부를 재구성하였다. 구약시대의 성막 1/25 모형을 제작 전시하고, 구텐베르크 인쇄기 실물 모형과 모압 석비도 전시하였다. 전시실 한 쪽에 유대문화코너를 신설하여 안식일 식탁, 유월절, 나팔절, 하누카, 부림절 관련 물품들을 전시하였다.

교육프로그램으로 〈노아의 방주 세미나〉와 〈성막 세미나〉를 개최하고, 한옥예배당인 강화읍 성공회성당과 강화 최초의 교회인 교산감리교회를 방문하는 역사문화 탐방을 진행하였다. CBS 특강 〈성경의 인물전〉을 할 기회가 있어서 국제성서박물관을 알리고 초·중·고등학교 학생들을 대상으로 한 체험교육프로그램을 운영할 계획을 세웠다.

2011년 5월 30일에는 국제성서박물관 개관 16주년 기념식 및 감사예배를 드렸다. 김윤모 주안지방 감리사의 기도와 가흥순 중부연회 감독의 설교, 송영길 인천광역시장(조동암 문화체육관광국장 대독)의 격려사 및 민영진 박사(전 대한성서공회 총무), 홍일표 국회의원, 박우섭

강문호 목사(우)와 함께 한 CBS 특강 '성경의 인물전'

모압 석비를 기증한 이강진 집사(좌)

남구청장의 축사, 주안감리교회 한상호 담임목사(국제성서박물관 이사장)의 인사와 전양철 감독의 축도로 순서를 진행하였다.

박물관 설립자이신 한경수 감독께서 2011년 9월 20일 소천하신 후 남기신 도서 중 성도들의 신앙에 도움이 될 만한 책들을 모아 도서관을 마련하고 2011년 12월 11일에 개관예배를 드렸다.

오늘날 한국사회에서 박물관은 가장 빠른 진보를 보이는 대표적인 문화공간, 교육공간이 되고 있다. 이제 국제성서박물관도 다양한 교육과 체험 프로그램 개발, 디지털을 통한 입체영상 등, 시대적인 흐름에 뒤떨어지지 않는 문화콘텐츠를 제공함으로써 박물관을 찾는 사람들의 요구에 부응하는 박물관이 되어야 한다.

고(故) 한경수 감독
위로예배(설교문)

고(故) 한경수 감독

한경수 감독님은 2011년 9월 22일(목) 오전에 소천하심으로 86년이라는 짧지 않은 이 땅에서의 삶을 정리하셨습니다. 감독님께서는 하나님의 부르심을 받고 당신의 시신은 병원에 기증하셨습니다. 일생동안 하나님의 종으로 사역하시다가 마지막 남은 육신조차 기증하신 감독님을 바라보면서 모세의 죽음을 생각해 봅니다.

모세는 400년간이나 애굽에서 종살이하던 이스라엘 백성을 출애굽시켜 40년 동안 광야생활을 인도한 민족의 지도자요 십계명과 하나님의 말씀을 전달한 율법 수여자입니다. 이렇듯 위대한 사람, 모세의 죽음에 대해 신명기 34장 5~6절은 이렇게 기록합니다.

> "이에 여호와의 종 모세가 여호와의 말씀대로 모압 땅에서 죽어 벧브올 맞은편 모압 땅에 있는 골짜기에 장사되었고 오늘까지 그의 묻힌 곳을 아는 자가 없느니라."

이 말씀을 대하면서 모세보다 5백 년 이상 더 오래된 아브라함의 무덤은 지금도 기억하면서 왜 이스라엘 사람들은 모세의 무덤은 어디에 있는지 모를 정도로 무관심했을까 하는 궁금증이 있었습니다. 그러나 이스라엘 백성들이 모세의 무덤에 대해 무관심했던 것이 아니라, 모세는 무덤 없는 죽음을 통해 무덤이라는 작은 공간에 머무는 존재가 아니라 하나님의 말씀인 율법이 존재하는 한 영원토록 존재하는 인물이 되었습니다. 한 감독님께서도 그 육신은 우리의 곁을 떠나갔지만, 일생 동안 사역하신 주안교회와 성서박물관을 통하여 우리 가운데 영원토록 계시는 줄로 믿습니다.

감독님은 참으로 크신 분이셨습니다. 성경에는 골리앗처럼 키가 큰 사람이 있습니다. 삼손처럼 힘이 장사인 사람도 있습니다. 사울 왕처럼 지위가 높은 사람도 있습니다. 그러나 키가 크다고, 힘이 장사라고, 지위가 높다고 큰 사람은 아닙니다.

1. 한 감독님은 꿈이 크신 분이셨습니다.

하나님은 꿈을 쓰시는 분이십니다. 세계에서 가장 큰 꿈을 가지고 실현시키고 계시는 분은 바로 우리 주 예수 그리스도이십니다.

> "하늘과 땅의 모든 권세를 내게 주셨으니 그러므로 너희는 가서 모든 족속으로 제자를 삼아 아버지와 아들과 성령의 이름으로 세례를 주고 내가 너희에게 분부한 모든 것을 가르쳐 지키게 하라 ... 볼지어다 내가 세상 끝날까지 너희와 항상 함께 있으리라."(마 28:18~20)

감독님께서는 이와 같은 큰 꿈을 가지시고 오늘의 주안교회가 있게 하시고, 한국 감리교회를 위해 큰일을 하셨습니다. 저는 한국감리교회 국외선교연회 출신인데, 나중에 알고 보니 감독님께서는 국외선교연회를 탄생시킨 분이셨습니다. 1994년 4월, 미국 LA에서 개최된

한경수 감독 위로예배

제2회 국외선교연회에서 행한 첫 번째 목사 안수식이 있었습니다. 그때 13명이 안수를 받았는데, 제가 첫 번째로 받았습니다. 제가 해외에서 목회하면서 안수를 받았던 것도 오늘 국제성서박물관 사역을 위해 이 자리에 있을 수 있었던 것도 알고 보니 감독님의 큰 꿈의 결과였습니다.

2. 한 감독님은 생각이 크신 분이셨습니다.

감독님은 교회뿐만 아니라 국가를 생각하고 세계를 바라보는 큰 생각을 갖고 기도하셨습니다. 큰 생각을 하는 사람이 큰 사람입니다. 우리의 기도를 들으시는 하나님은 기도 속에 있는 우리의 생각을 보시고, 그 생각의 크기대로 쓰십니다. 감독님은 목회 초기 한국어 성경을 수집하다가 세계 각국의 성경으로 그 생각의 폭을 넓히셨습니다. 성경이 있는 곳이면 어디든지 달려가셨습니다. 그리고 값이 얼마이든지 가지고 오셨습니다.

3. 한 감독님은 행동이 크신 분이셨습니다.

큰 사람은 큰 행동을 합니다. 큰 사람이기에 큰 행동을 하기도 하지만 큰 행동을 하기에 큰 사람이기도 합니다. 우리의 말에는 주어, 동사, 목적어 등이 있는데, 가장 중요한 것은 '동사'입니다. 영어는 주어 다음에 바로 동사가 나옵니다. "I love you"처럼 주어, 동사, 목적어로 되어있습니다. 그런데 우리나라 말은 동사가 맨 마지막에 나옵니다. "나는 당신을 사랑합니다." 주어, 목적어, 동사, 이렇게 되어있습니다. 그래서 우리나라 말은 끝까지 들어 봐야 합니다.

감독님께서는 한상호 담임목사님을 통하여 주안교회 성도들에게 "사랑합니다", "감사합니다"라는 두 말씀을 남기셨습니다. 감독님께서 이미 가장 중요한 동사를 말씀하셨으니 나머지는 우리가 채우면 됩니다. 주어는 우리가 되어야 합니다. "나는 사랑합니다." "나는 감사합니다." 그리고 목적어가 누구든지 사랑하는 사람이 됩시다. 목적어가 무엇이든지 감사하는 사람이 됩시다.

감독님께서 남기신 책들을 정리하여 도서관을 개관합니다. 그중에 친필로 쓰신 설교원고 노트도 수십 권이 있는데, 2004년 1월 11일 설교에 이런 내용이 있었습니다.

> 나는 지난 주간에 책 한 권을 읽었다. 폴부랜드 필립얀시 지음 『고통이라는 선물』이란 책이다. 그 책에서 "나에게 고통을 주시니 참으로 감사합니다"란 구절이 눈에 들어왔다. 원저자는 에버릿 쿠프란 의학박사요 나병전문의사였다. 그는 일생 나환자를 위해 봉사한 의사였다. 그는 인도에서 20년, 미국에서 30년간을 오로지 나환자만을 돌보는 세계적인 의사였다. 그는 나환자들 중에 손꾸락 발꾸락을 잘라내어도 아프지 않은 나환자들과 씨름하였다. 만일에 나환자들 중에 통증이 있는 사람은 나환자가 아니었다. 그는 몇 년 동안 심하게 앓다가 손발 끝에 통증을 잃어버린 때가 있었다. 이제는 나도 나환자가 되었구나 절망적인 때가 있었다. 그런데 몇 일 후에 바늘로 발을 찔러보니 전혀 아픔을 느끼지 못했던 발목에 심한 통증이 느껴졌다. 그는 그 자리에서 큰 소리로 외쳤다. 하나님 나에게 고통을 주시니 감사합니다. 감사합니다.

감독님은 마지막 문장에 빨간 줄을 두 번 그어 놓으셨습니다. 그리고 계속해서 이렇게 쓰셨습니다.

"고통을 감사하는 사람이 되어야겠습니다. 고통을 느낀다는 것은 아직은 희망이 있다는 증거입니다."

'사랑합니다', '감사합니다'라는 두 가지 동사를 우리에게 남기신 감독님의 뜻은 어떤 고통과 역경 중에서도 감사할 수 있는 사람, 아무리 미워하는 사람일지라도 사랑할 수 있는 사람이 되라는 것이라고 생각합니다. 감독님은 한국 감리교회와 주안교회, 그리고 인천이라는 지역사회를 위해 참으로 많은 업적을 이루셨습니다. 그리고 감독님께서는 성서박물관을 통하여 이 세상 그 어떤 것보다도 귀하고 값진 하나님의 말씀인 성경들을 우리에게 남기셨습니다. 이제 감독님께서 남기신 크신 뜻을 생각하면서 시편 119편 32절의 말씀을 마음에 새겨 봅니다.

주암기념관 제막식(2012년)

"주께서 내 마음을 넓히시면 내가 주의 계명들의 길로 달려가리이다."

개척자 정신(Pioneer spirit)과 자원봉사 정신(Volunteer spirit)

자원봉사자 임명식

자원봉사자들이란 교육이나 문화, 사회복지 분야에서 자발적으로 활동하는 사람들이다. 자원봉사란 자발성을 핵심으로 하고 있으며, 경제적 이득을 얻기 위한 직업의 형태가 아닌 무상으로 이루어진다. 특히 자원봉사는 어느 특정한 개인의 이익이 아닌 공익을 위한 활동이며 일회성으로 그치는 것이 아니라 조직적이며 지속적인 활동이다.

자원봉사자들의 자발적인 봉사 정신에는 자신의 삶에 안주하지 않고 새로운 일에 도전하고자 하는 개척자 정신이 깔려있다. 그런 의미에서 개척자 정신과 자원봉사 정신에는 일맥상통하는 면이 있다.

기독교 신앙으로서의 개척자 정신과 자원봉사 정신

개척자 정신과 자원봉사 정신은 기독교 신앙의 핵심적인 요소이기도 하다. 개척이란 눈에 보이지 않는 미래를 향하여 믿음으로 나아가는 것이다. 이런 점에서 아브라함은 믿음의 개척자였다.

> "믿음으로 아브라함은 부르심을 받았을 때에 순종하여 장래의 유업으로 받을 땅에 나아갈새 갈 바를 알지 못하고 나아갔으며"(히브리서 11:8)

4백 년 동안 애굽에서 종살이하던 이스라엘 백성들이 출애굽하여 광야를 거쳐 약속의 땅 가나안에 들어와 정착하게 된 것도 개척자적인 믿음이 있었기 때문이다. 이스라엘 백성들을 이끌고 약속의 땅 가나안으로 들어온 여호수아와 갈렙에게는 이 땅을 반드시 차지할 수 있다는 믿음이 있었다. 이스라엘 백성 중에 자기들의 땅이 좁다고 불평하는 사람들을 향해서 여호수아는 아직 정복하지 못한 땅이 많으니 그 땅 삼림을 개척하여 지경을 넓히라고 말했다.

"여호수아가 그들에게 이르되 네가 큰 민족이 되므로 에브라임 산지가 네게 너무 좁을진대 브리스 족속과 르바임 족속의 땅 삼림에 올라가서 스스로 개척하라 하니라"(여호수아 17:15)

개척자 정신과 함께 강조해야 할 믿음의 덕목이 자원봉사 정신이다. 개척자에게는 다른 사람들보다 앞장서 행하는 솔선수범과 희생이 필요하기 때문이다. 자원하는 마음으로 솔선수범하고 희생하는 것이 곧 자원봉사 정신이다. 예수님께서도 말씀하셨다.

"너희 중에 누구든지 으뜸이 되고자 하는 자는 너희의 종이 되어야 하리라. 인자가 온 것은 섬김을 받으려 함이 아니라 도리어 섬기려 하고 자기 목숨을 많은 사람의 대속물로 주려 함이니라."(마태복음 20:27~28)

유럽에서 종교의 자유를 찾아 신대륙으로 건너왔던 청교도들에 의해 시작된 미국이 2백여 년 만에 세계 최고의 강대국으로 성장하게 된 원동력도 기독교 신앙에 기초한 개척자 정신과 자원봉사 정신이었다.

GOING TO CONFERENCE.

순회전도자

미국인들이 동부에서 서부로 개척지를 넓히며 나아갈 때 그들보다 앞서서 말을 타고 나아갔던 사람들이 순회전도자들(Circuit Riders)이었다. 이들은 새로운 개척지에 복음을 증거하며 제일 먼저 예배

드릴 교회와 아이들을 가르칠 학교를 세웠다. 그들은 개척자 정신을 통하여 유럽 식민주의자들의 정책으로부터 독립하였을 뿐만 아니라 유럽교회의 계급조직에서 탈피하여 자원봉사를 통한 믿음의 공동체를 이루어갔다.

19세기 말 국가적인 위기 속에서 전파된 한국교회가 1백여 년이라는 짧은 역사 동안에 세계에서 유래를 찾아볼 수 없을 정도로 급성장을 이루게 된 것도 한국 기독교인들의 개척자적인 믿음과 자원봉사를 통한 희생이 있었기 때문이다. 예배 성가대와 교회학교 교사, 그리고 각 선교회 등에서 자원봉사를 하는 성도들의 믿음과 희생이 교회를 지탱하고 움직이는 가장 큰 힘이 되고 있다.

이제는 사회 곳곳에서 나아가 세계 구석구석에 개척자 정신을 가진 자원봉사자들이 활동하고 있다. 유엔 자원봉사단의 일원인 파티마 디앙(Fatima Diang)은 아프리카에서 에이즈 치료와 예방을 위한 활동을 하고 있다. 그녀의 도움을 받은 에이즈 환자 티안추 캄마는 이렇게 말했다.

> "나는 세계의 많은 단체로부터 지원을 받고 있습니다. 나는 외롭지 않습니다. 나는 사람들이 에이즈에 걸린 경우, 그것은 어떤 다른 질병과 다르지 않다는 것을 그들에게 알리고 싶습니다."

파티마는 "많은 자원봉사자가 에이즈 퇴치를 위해 돕고 있으며, 세계 곳곳의 기아와 질병을 해결하기 위해 노력하고 있다"고 말하면서 "유엔 자원봉사단의 일원이 된다는 것은 정말 보람 있는 일입니다. 만일 당신 다른 사람을 돕기 원한다면, 꼭 육체의 질병이나 굶주림을 도와주는 것뿐만 아니라 그들의 삶에 중요한 변화를 가져다줄 것입니다. 이것은 자원봉사자들이 갖는 기쁨입니다."라고 하였다.

박물관 자원봉사자의 의미와 역할

2012년 2월 국제성서박물관에서는 자원봉사자 교육의 목적으로 인천광역시립박물관에서 현장학습을 하였다. 그곳에서 자원봉사자 교육을 담당하고 있는 박용운 학예연구사의 강의를 듣고 자원봉사자들과 전시실을 돌아보면서 함께 대화하는 시간을 가졌다.

박물관의 주요기능은 유물의 수집, 보존, 전시와 교육이다. 이를 위해 관장을 포함하여 학예사, 교육담당자, 소장품 등록 담당자, 전시 디자이너, 홍보담당자, 사서, 시설관리자, 출판편집자, 사진기자, 안전 감독자 등 다양한 직종의 전문가들이 근무한다.

그렇지만 국공립 박물관을 제외하고 이런 전문 인력들을 다 갖출 수 있는 사립박물관은 많지 않다. 국세성서박물관은 그동안 교회의 전폭적인 지원 아래 유지·운영되어왔다. 그러나 좀 더 전문성을 갖춘 박물관으로 성장하기 위해서는 보다 많은 인력과 재정이 필요한 것이 현실이다.

2012년부터 한국박물관협회와 한국사립박물관협회로부터 학예사와 에듀케이터 인력에 관한 국고 지원을 받게 되었다. 그래서 교육담당자인 에듀케이터 한 명을 새로 채용하여 교육 프로그램 개발 및 운영을 하도록 하였다. 그리고 자원봉사자들을 임명하여 박물관 전시해설과 도서관 대출 및 자료정리 업무를 감당할 수 있도록 하였다.

자원봉사자 현장교육(인천광역시립박물관)

인천광역시립박물관의 경우 한 해에 127명의 자원봉사자가 각 부분에서 활동하고 있다고 한다. 미국의 박물관을 방문해보면 수많은 자원봉사자를 볼 수 있으며, 그들 중에는 현직 종사자들보다 더 뛰어난 전문지식을 가진 사람들도 있다. 최근 한국에서는 박물관에 관한 관심이 높아지고 박물관 자원봉사자들이 증가하고 있는 것은 바람직한 현상이라고 할 수 있다.

국제성서박물관은 2012년 처음으로 5명의 자원봉사자를 임명하여 활동을 시작하지만, 앞으로 더욱 많은 박물관 자원봉사자들을 통하여 박물관을 찾는 관람객들에게 양질의 관람서비스를 제공하고, 도서관에서 더욱 많은 사람이 책을 읽을 수 있도록 해야 할 것이다.

박용운 학예연구사의 강의에 따르면, 자원봉사의 특성으로는 자발성, 공익성, 무보수성, 지속성, 조직성, 공동체성을 들 수 있다. 특별히 박물관과 도서관을 중심으로 한 자원봉사는 문화시설과 기관을 중심으로 벌어지는 문화영역의 자원봉사 활동이라고 할 수 있다. 박물관이나 도서관 같은 문화시설에서 좀 더 많은 사람이 문화적인 혜택을 누릴 수 있도록 무보수로 일하는 사람들을 문화자원봉사자라고 한다.

박물관 자원봉사자의 수칙

한국에서 박물관은 도서관과 더불어 평생교육 기관으로 구분되어 있다. 주안교회에도 평생교육원이 있어서 시니어 아카데미와 주니어 아카데미를 통하여 교인들뿐만 아니라 지역사회 사람들을 위한 다양한 교육 및 체험 프로그램을 운영하고 있다. 자원봉사자들은 열정을 갖고 다른 사람들보다 좀 더 배운 지식을 남에게 알리는 것을 보람으로 여기고 기쁘게 활동하는 사람들이다.

미국 덴버 박물관은 자원봉사자들에게 주체적이고 창의적인 봉사자 상을 요구하면서 다음과 같은 자원봉사자의 수칙을 제시하였다.

1. 자신의 일이 매우 전문적인 일임을 생각하고 자신의 위치가 매우 중요하다고 여기라.
2. 자신의 위치를 잘 지키고 감독을 받아들여라.
3. 항상 적절하고 책임감 있는 자세로 박물관을 대표하라.
4. 갖고 있는 재능을 활용하고 혹은 새로운 것을 발견하며 자유롭게 가치 있고 도전적인 위치에서 일하라.
5. 정기적으로 피드백(feedback, 평가)을 받으라.
6. 당신이 결정해야 하는 것이 있다면, 대표라는 심정으로 하라.

사람들이 박물관이나 도서관을 방문하였을 때 제일 먼저 만나는 사람이 자원봉사자들이다. 그러므로 자원봉사자들은 방문객들의 첫인상을 결정짓게 하는 박물관과 도서관의 얼굴과도 같은 존재들이다.

현장학습(한국이민사박물관)

현장학습(국립중앙박물관)

국제성서박물관은 유물의 소장과 가치 면에서 주안교회뿐만 아니라 한국교회가 자랑할만한 성서박물관이다. 앞으로 전시실 환경을 개선하고 다양한 교육 프로그램을 개발, 운영함으로써 관람객들에게 만족할 만한 서비스를 제공하고, 도서관 자료의 확충과 활성화를 통하여 보다 전문적인 박물관으로서의 면모를 갖추어 나가도록 해야 한다.

체험 현장으로서의 **박물관 교육**

체험교육 현수막

박물관이 움직이고 있다. 그동안 박물관은 오래된 유물들을 모아 유리장 안에 가두어 놓았다. 그리곤 유물명칭과 연대 등 간단한 소개만 있었다. 사람들은 마치 우리에 갇힌 동물을 구경하듯 유리 상자 안에 전시된 유물들을 스쳐 지나가며 구경했다.

그런 유물들이 움직이기 시작하였다. 오랫동안 잠들었던 유물들이 깨어나면서 자신들의 색깔과 목소리를 내기 시작한 것이다. 전시실에는 유물들에 대한 사진 설명과 영상이 띄워지고 컴퓨터 그래픽을 통해 유물들의 구조와 형성과정을 생생하게 재현하고 있다. 주로 오래된 성경책들이 전시되어 있던 우리 박물관도 조금씩 깨어나고 있다. 아직 첨단 시설을 갖추고 있지는 못하지만, 굳게 덮인 성경의 겉장을 열고 그 안에 잠자고 있던 내용을 깨우려고 애쓰고 있다.

박물관은 이제 더 이상 오래된 유물들을 보관하고 전시하는 곳에 머무는 것이 아니라, 소장 유물들을 통해 직접적인 체험학습의 기회를 제공하는 교육기관의 기능이 강조되고 있다. 특별히 창의인성체험학습과 관련하여 박물관을 중심으로 한 교육의 필요성을 절감하고 한국박물관협회에서는 2011년도에 서울특별시 교육연수원 및 경기도 교육청과 업무협약(MOU)를 체결하였다. 2012년부터는 초·중·고등학교의 주 5일제 수업 전면실시 및 창의인성체험학습 강화에 따라 한국박물관협회에서는 박물관, 미술관 창체사업단 운영을 통해 학교 교육을 적극적으로 적용한 박물관 교육역량 강화에 힘쓰고 있다.

이러한 시대적 요청에 부응하여 우리 박물관에서도 학생들을 위한 교육프로그램을 적극적으로 개발하기로 하고, 세계기록문화역사 배우기의 목적으로 '이집트 파피루스 체험' 프로그램을 시작하였으며, 2012년 4월 우리 박물관의 '이스라엘 민속문화 배우기'가 한국박물관협회에서 실시하는 창의체험학습 프

이스라엘 민속문화 체험

로그램에 선정되어 창의적 체험 활동을 구체적으로 진행할 수 있게 되었다. 이를 위해 KB 국민은행 - 박물관 노닐기 사업에서 체험비를 지원해 주기로 하였다.

한국박물관협회에서 창의체험프로그램으로 선정된 이후 인천광역시 교육청을 포함하여, 각 교육지원청을 방문하여 협조공문을 요청하였다. 인천광역시 교육청에서는 특정 종교 편향적이라는 이유로 협조공문 발송이 곤란하다고 하였다. '이스라엘 민속문화체험'은 학생들 교과목에 나오는 '해외민속문화 배우기'와 연계한 프로그램으로 한국박물관협회에서 창의체험프로그램으로 선정하고, KB국민은행 박물관 노닐기 사업에서 지원하는 것이라고 해도 우리 박물관 이름이 '국제성서박물관'이라는 것 때문에 난색을 표현하는 것 같았다. 박물관 명칭 때문에 박물관 교육프로그램을 종교행사로만 이해하려고 하는 것 같아 답답했다.

다행히 북부교육지원청과 남부교육지원청에서는 각 학교로 협조공문을 보내 주겠다는 긍정적인 대답을 해 주었다. 그래서 북부와 남부교육지원청에 속한 학교들이 방문하여 체험학습을 진행하였으며, 여러 교회에서도 관심을 두고 체험학습에 참여하고 있다.

파피루스 체험

박물관협의회와
우리 박물관

국제성서박물관은 2010년 인천광역시에 1종 전문박물관으로 등록하고 한국박물관협회, 한국사립박물관협회, 그리고 인천광역시박물관협의회의 정회원관이 되었다. 한국박물관협회는 한국 내 국·공·사립 및 대학박물관 등 약 605개의 회원관으로 되어 있으며 학예사 지원사업을 통해 박물관들의 활동과 발전을 위해 애쓰고 있다. 초·중·고등학교의 주5일제 수업과 창의체험

2011 전국 박물관·미술관 전문인력 전문교육(한국박물관협회)

학습에 따른 교육현장으로 박물관이 적극적으로 활용되도록 한국박물관협회와 교과부가 업무협약(MOU)을 체결하였는가 하면, 문화체육관광부 내에 박물관 정책과가 별도로 세워짐으로써 박물관의 역할이 점차 증대되고 있다.

한국사립박물관협회는 2013년 현재 138개 사립박물관이 회원관으로 참여하고 있으며, 2012년부터 박물관의 창의체험학습을 돕기 위해 에듀케이터 지원사업을 하고 있다. 국제성서박물관도 2012년부터 한국박물관협회에서 학예사 지원을 받고 한국사립박물관으로부터 에듀케이터 지원을 받고 있다.

특별히 국제성서박물관은 인천광역시박물관협의회(회장 이귀례 가천박물관장)와 밀접한 관계를 갖고 있다. 인천광역시박물관협의회는 2010년부터 인천광역시의 지원으로 매년 박물관축제를 열고 있다. 그리고 해마다 문화체육관광부에서 실시하는 복권기금 공동전시 사업에도 적극적으로 응모하여 올해로 4년째 연속으로 선정되어 박물관 축제와 함께 풍성한 전시 및 체험 프로그램을 실시해 오고 있다.

2012년에는 10월에 인천 송도에서 전국박물관장 콘퍼런스를 개최하고 이어 '인천박물관축제'가 인천종합문화예술회관 미추홀 전시관과 야외 광장에서 열렸다. 2013년에는 3월 22일(금) 국립중앙박물관에서 공동전시 응모기관의 사업에 대한 심사가 있

2012년 전국 박물관장 콘퍼런스

었는데, 인천광역시박물관협의회 대표로 프리젠테이션을 하였다. 인천광역시박물관축제와 복권기금 공동전시 사업을 해마다 참관한 한국박물관협회장 전보삼 관장은 "전국적으로 16개 지역박물관협의회가 있는데, 그중에서 인천광역시박물관협의회는 회원관들이 서로 우호적으로 협력하고 돕는 모범적인 협의회"라고 칭찬하였다. 인천광역시박물관협의회는 그동안 매월 관장 월례회의를 가지면서 사업을 협의하였는데, 지금까지 큰 잡음 없이 잘 진행해 오고 있으며 회의 후에는 각 관장이 순차적으로 자원해서 식사를 대접함으로써 즐거운 교제의 시간을 갖고 있다.

2013년 3월 관장 월례회의에서는 애보박물관의 관장이셨던 고(故) 황형택 관장께서 소천하심으로 인해 공석이 된 부회장을 뽑고, 2014년 아시안게임을 앞두고 박물관의 효과적인 사업계획을 논의하기 위한 소위원회를 구성하였는데, 임봉대 관장이 부회장으로 선출되어 회장의 대외적인 사업을 보좌하고 소위원회를 이끌게 되었다.

인천광역시박물관협의회는 2013년 3월 26일(화)부터 31일(일)까지 말레이시아 박물관 탐방을 다녀왔다. 2012년 국립중앙박물관에서 가진 박물관국제학술세미나에 참여하였다가 인사를 나누었던 말레이시아 박물관청장(Dato' Ibrahim Bin Ismail, Director General)이 직접 리셉

이귀례 회장과 말레이시아 박물관청장

션을 마련해 주고 방문하는 박물관마다 잘 안내하도록 배려해 줌으로써 참으로 유익한 시간을 가졌다.

한국박물관협회 전보삼 회장과 인천광역시박물관협의회 이귀례 회장을 포함해 모두 21명의 박물관 관계자들이 참여하여 쿠알라룸푸르(Kualalumpur)의 국립박물관을 시작으로 말라카(Melaka)의 왕궁박물관, 푸트라자야(Putrajaya)의 자연사박물관까지 말레이시아 내 중요 박물관들을 방문하였다. 말레이시아 국립박물관(Muzium Negara)은 붉은 지붕에 하얀 벽으로 된 전통 말레이 건축양식의 건물로 되어 있으며, 전시실은 역사관, 금속제품과 악기관, 문화관, 자연사관 등 4개로 이루어져 말레이시아의 역사와 문화를 한눈에 볼 수 있도록 하였다. 특별히 특별기획전으로 세계 탈 전시회가 있었는데, 박물관청장이 말하기를 우리들의 방문에 맞춰 기획전 기간을 4월 말까지 연장했다고 한다. 전시회의 유물을 직접 소개까지 한 박물관청장은 박물관 한쪽에 리셉션 장소를 마련하고 말레이시아 전통음악 연주와 함께 점심식사를 대접해 주었다.

말레이시아의 수도인 쿠알라룸푸르는 다양한 고층 건축물들로 인해 아주 현대화된 도시라는 인상을 받았으며, 그중에 가장 대표적인 것이 KLCC 쌍둥이 빌딩이었다. 똑같은 설계로 이루어진 쌍둥이 빌딩의 하나는 일본에서 다른 하나는 한국에서 건설하였다고 한다. 쌍둥이 빌딩 안에 현대 건축물들을 전시한 갤러리(Gallery Petronas)가 있어서 방문하여 둘러보고, 여러 건축물들의 웅장함을 잠시 감상해 보기도 했다.

둘째 날 오전에 이슬람 예술 박물관(Islamic Art Museum)을 방문하였는데, 이슬람 경전인 코란의 필사본들이 다양하게 전시되어 있는 것을 보고, 현재 우리가 소장하고 있는 성경들도 보다 넓은 공간에서 전시되었으면 좋겠다는 생각을 가졌다. 이슬람 박물관이 주로 18~19세기의 코란을 전시하고 있는 것에 비해 우리 박물관은 15세기에서 현대까지 세계 각국의 다양한 언어로 된 성경들을 훨씬 많이 소장하고 있다. 이슬람 박물관에는 필사본 외에도 이슬람 예술의 정수를 보여주는 도자기와 유리그릇, 금속세공품, 각종 의복, 무기와 갑옷, 동전과 같은 많은 유물을 전시하여 관람객들의 관심과 흥미를 끌기에 충분하였다.

점심은 국립섬유박물관(National Textile Museum)에서 초청을 하여 박물관에 환영장소를 마련하고 대접해 주었다. 중국계 말레이시아 여성인 국립섬유박물관장(Janet Tee Siew Mooi)은 말레이시아 박물관의 유력한 인물로 특별히 국제관계를 담당하고 있다. 점심식사 후 전시실을 직접 안내해 주고 바로 옆에 있는 시청기념관까지 우리를 안내해 주는 친절을 보여 주어 우리 모두 크게 감동하였다.

셋째 날에는 말레이시아 왕국의 탄생지이며 유네스코 세계문화유산으로 지정된 말라카(Melaka)로 이동하여, 술탄의 궁정박물관을 포함한 여러 박물관을 방문하였다. 15세기 이래 동양과 서양을 이어주는 해양 거점으로 국제무역항이었던 말라카는 4백여 년에 걸쳐 포르투갈, 네덜란드, 영국, 일본, 다시 영국 등의 식민 지배를 받고 1957년에 독립하였다. 말라카는 우리나라의 경주와 같이 도시 전체가 박물관이라고 해도 과언

국립섬유박물관장

2013 말레이시아 박물관 탐방 참가자들

이 아닐 정도로 많은 역사적 흔적을 간직하고 있었다. 특별히 말라카의 중심인 네덜란드 광장에 있는 기독교회는 현존하는 가장 오래된 교회라고 한다.

마지막 날에는 신(新) 행정도시인 푸트라자야(Putrajaya)로 이동하여 자연사 박물관(Natural History Museum)을 방문하고 그곳에서 마련한 마지막 리셉션에 참여하였다. 더욱 놀라운 것은 우리가 박물관을 방문하는 동안 그곳 관계자들이 찍은 사진들을 CD로 만들어 선물로 주었다. 마지막까지 세심한 배려를 해 준 말레이시아 박물관청장과 관계자들에게 다시 한 번 깊은 감사를 드렸다.

푸트라자야는 우리나라에서 세종시를 계획할 때 모델로 삼을 만큼 잘 정돈된 도시계획과 다양한 현대적인 건축물들로 유명하였다. 수상 관저에서 컨벤션센터에 이르는 직선 길 양쪽으로 정부부처들의 건물들이 들어서 있는데, 인공섬으로 되어 있고 그 주변을 거대한 호수로 만들어 놓았다.

물론 박물관을 중심으로 잘 정돈된 지역만을 방문하였기 때문에 말레이시아의 다양한 모습을 다 보지 못해 함부로 평가할 수는 없지만, 이번 말레이시아 방문을 통해서 생각했던 것보다 말레이시아가 현대화되어 있으면서도 전통에 대한 문화적 관심과 의식이 높다는 것을 느낄 수 있었다. 역사적으로 보면 우리나라와는 비교가 안 될 정도로 짧은 역사에 오랜 식민지 경험을 갖고 있지만, 넓은 국토와 풍부한 자원을 동력으로 하여 동남아시아 국가 중에서 가장 발전하고 있는 나라 중에 하나가 말레이시아란 생각을 갖게 되었다.

특별히 2014년에는 인천에서 아시안게임이 개최되기 때문에 많은 손님을 맞이하게 되는데 이들에게 인천의 역사와 문화를 알리는 역할을 감당해야 할 책임이 인천광역시박물관협의회 회원관에게 있다고 생각한다. 말레이시아에서 귀국한 후 4월 4일 국제성서박물관 관장실에서 1차 소위원회 모임을 갖고 아시안게임과 관련한 박물관 축제 및 사업에 관한 논의를 하였다.

2014 아시아 차인대회에 참석한 관장들

미래형 인재를 키우는 박물관

박물관은 과거의 유물을 보존, 전시만 하는 곳이 아니라 오랜 역사적 배경을 가진 유물을 토대로 한 체험교육의 현장으로 창의적 사고력의 신장을 통한 미래 인재 육성에 이바지할 수 있는 가장 대표적인 기관이다.

교육부에서는 2016년부터 학생들의 꿈과 끼를 키워 행복 교육을 실현하고자 하는 중학교 자유학기제를 전면적으로 실시하기로 하였다. 2015년 9월 15일 초·중등교육법 시행령을 개정하여 자유 학기의 수업 운영 방법 등을 신설하여 2016년 1월 1일부터 실시하기로 공포하였다. 자유학기제는 교과서적인 교육에서 벗어나 학생들의 흥미와 관심을 반영한 다양한 활동을 운영

체험교육 참가 학생들

함으로 전문적 학습 기회를 제공하고 학습 동기를 유발하고자 하는 데 목적이 있으며, 체험교육 활동을 기반으로 하고 있다.

각 박물관에서는 이미 문화체육관광부의 지원을 받아 2012년부터 '박물관 길 위의 인문학'이란 체험교육프로그램을 진행하고 있다. 국제성서박물관도 2012년 시행 첫해부터 3년 연속으로 선정되어 초·중·고등학생들을 위한 체험교육프로그램을 시행하고 있다. 시행 초기에는 기독교박물관이라는 종교적 특수성으로 인하여 공립학교에서의 참석이 저조하였지만, 학예사와 교육사의 꾸준한 노력으로 2015년에는 2,000명이 참여하는 성과를 거두었다.

개관 20주년이었던 2015년에 국제성서박물관은 '박물관 길 위의 인문학' 체험교육 외에 교회를 대상으로 한 이스라엘 민속문화 체험, 파피루스 체험 등을 시행하였으며, 그 외에도 많은 사업을 진행하였다.

1. 개관 20주년 기념 특별행사

개관 20주년을 맞이하여 박물관을 설립하신 고(故) 한경수 감독의 큰 뜻을 다시 한 번 되새기며, 2015년 4월 30일 교계 및 박물관 관계자들 2백여 명이 참석한 가운데 국제성서박물관 개관 20주년 기념 예배와 특별강연을 개최하였다. 기념 예배에서는 김상현 중부연회 감독이 설교하였으며, 유정복 인천광역시장(김동빈 문화체육관광국장 대독), 박우섭 남구청장, 전보삼 전(前) 한국박물관협회장(현 경기도

개관 20주년 기념예배

박물관장)이 축사를 하였다.

주안감리교회 한상호 담임목사(국제성서박물관 이사장)는 인사말을 통해 국제성서박물관 설립에 있어서 꼭 기억해야 할 세 사람으로 설립자 한경수 감독, 일생동안 수집한 성경을 기증해 준 미국의 웨이크필드(David Wakefield) 박사, 성경분류를 위해 수고한 영국 세필드 대학교의 구약학 교수이며 영국 구약학회장인 존 로저슨(John Rogerson) 박사를 소개하였다. 이어서 개관 20주년 특별기획전으로 준비한 대제사장 의복에 관하여 성막 연구의 권위자인 강문호 목사(갈보리 교회)의 특별강연이 있었으며, 학예실장 임미영 목사의 특별전 설명에 이어 전시실 관람을 하였다.

2. 박물관 어울림 한마당과 임시총회

인천광역시박물관협의회는 2010년부터 매년 10월에 인천시박물관축제를 시행함으로써 시민들에게 박물관에서 진행하는 다양한 체험 프로그램을 경험할 기회를 제공했다. 2015년도에는 연 1회의 박물관 축제 대신 상·하반기로 나누어 연 2회 박물관 어울림 한마당 사업을 진행하였다. 상반기는 2015년 5월 9일 애보박물관에서 9개 관이 참여한 가운데 시민들을 대상으로 체험 프로그램을 진행하였으며, 하반기는 2015년 10월 3일 인천어린이박물관에서 10개 관이 참여한 가운데 성황리에 개최되었다.

한편 인천광역시박물관협의회는 2015년 7월 7일 가천박물관에서 개최한 제7차 임시총회에서 고(故) 이귀례 회장(가천박물관)의 후임으로 임봉대 관장(국제성서박물관)을 2대 회장으로 선출하였다.

제7차 임시총회 신임회장 선출

3. 경력인정대상기관 선정

국제성서박물관은 2015년 10월 30일 국립중앙박물관으로부터 경력인정대상기관으로 선정되었다. 경력인정대상기관이란 등록된 사립·대학 박물관 및 미술관으로서 인력·시설·자료의 관리실태 및 업무실적이 향후 학예사 자격을 취득하고자 하는 자의 실습과 실무연수에 적합하다고 학예사운영위원회가 인정한 기관이다.

4. 한국 구약학회 송년학술대회 개최

2015년 11월 26일 한국구약학회(회장 차준희 박사, 한세대학교)는 국제성서박물관에서 제100회 송년학술대회를 개최하였다. 송년학술대회는 학문적인 논문발표의 자리가 아니라 강단 설교에 도움을 주자는 취지에서 개최해 왔는데, 이번 송년학술대회에는 신학자들과 목회자들 100여 명이 참석한 가운데 '고대 이스라엘 문화와 한국교회'라는 주제로 주제 강연 및 토론회를 개최하였다.

구약학회장 차준희 박사의 사회로 시작된 개회 예배에서는 부회

한국 구약학회 송년학술대회(2015년, 국제성서박물관)

장 이희학 박사(목원대학교 교수)의 기도에 이어 주안감리교회 한상호 담임목사의 설교가 있었으며, 주제연구는 차학순 박사(한국신학대학교)의 사회로 진행하면서, 강후구 박사(서울 장신대학교)와 임미영 박사(국제성서박물관)가 고고학을 통해 본 이스라엘 문화에 대해 발표하였다.

서명수 교수(협성대학교)의 사회로 진행된 주제 강연에서는 김성 박사(협성대학교)가 '에덴동산과 딜문'이라는 논문을 발표하였으며, 김상현 감독(기감, 부광교회), 정현진 목사(기장, 수도교회), 조영진 목사(기성, 본교회), 김강식 목사(예장 통합, 목동 산돌교회) 등 각 교단을 대표하는 패널들이 토론자로 참석해 질의 응답시간을 가졌다.

이영찬 목사(뒷줄 가운데)와 21세기 성경 연구회

미국박물관협회 대표 만찬

에티오피아 국립박물관 교육관 Lijalem Getaneh

한국구약학회 송년학술대회를 개최하고, 교파를 초월한 중견 목회자들의 연구 모임인 〈21세기 성경 연구회〉도 방문하여 뜻깊은 대화를 나눔으로써 국제성서박물관이 신학자들과 목회자들 사이를 연결하는 교육기관의 역할을 할 수 있음을 보여 주었다. 그동안 박물관의 기능이 유물수집, 보존, 전시, 조사연구에 치중하였다면 오늘날의 박물관은 교육적 기능이 주목받고 있다. 이제 박물관은 열린 교육기관으로 사람들이 박물관을 방문함으로써 역사와 문화를 알고 이를 보는 식견을 기르고 생각하는 힘을 기를 수 있는 곳이 되었다.

2015년 10월 28일부터 30일까지 영월 동강리조트에서 개최된 국제 박물관 포럼에 참석한 미국박물관협회(AAM) 대표들과 만찬을 하고, 박물관 지원(Support) 분과의 좌장을 맡아 세미나를 진행하면서 느낀 것이지만, 박물관은 문화의 다양성을 이해할 수 있는 공간으로 확대되어 다문화 시대에 세계인들의 소통공간으로까지 기능이 확대되고 있다. 이런 점에서 박물관은 창의적인 미래형 인재를 키우는 가장 훌륭한 교육기관 중 하나라고 생각한다.

마르틴 루터 종교개혁 500주년 특별전

종교개혁과 성경(The Reformation and the Bible)

종교개혁 500주년 특별전 개막식에 참석한
인천광역시 조동암 부시장(가운데)과 박물관장들

국제성서박물관은 마르틴 루터 종교개혁 500주년을 맞이하여 특별전을 개최하면서 '개혁'(改革)이라는 말의 의미를 다시 한 번 생각해 본다. 사회에서는 이미 정치 체제나 사회 제도를 고치고 기업에서는 경영전략을 새롭게 한다는 의미에서 '개혁'(改革)과 '혁신'(革新)이라는 말을 사용하고 있다. '개혁'과 '혁신'에 공통으로 들어가는 말이 있는데 '혁'(革)이다.

'개혁'의 의미

'혁'(革)은 한자어로 '가죽'이라는 뜻이다. '가죽'을 뜻하는 또 다른 한자어가 있는데 '피'(皮)이다. 똑같이 가죽을 뜻하는 글자이지만, '혁'과 '피'에는 큰 차이가 있다. 가죽 피(皮) 자는 오른손(又)에 칼을 들고 죽은 짐승의 껍질(尸)을 벗기는 모양을 띠고 있다. 피(皮)는 이제 막 잡은 짐승의 껍질이다. 그래서 척추동물의 몸의 겉을 싼 외피인 살갗을 '피부'(皮膚)라고 한다.

반면에 가죽 혁(革) 자는 짐승의 생가죽을 머리(廿)부터 몸통(中)을 거쳐 꼬리(一)까지 통째로 수직으로 벗겨 낸 뒤 그것을 양쪽 틀에 묶어서 널어놓은 모양을 띠고 있다. 피(皮)가 자연 그대로의 가죽이라면 피(皮)를 다듬어 가공하여 만든 '혁대'(革帶)와 같이 혁(革)은 수고와 노력을 통해 바뀐 가죽이다. 피(皮)가 혁(革)이 되기 위해서는 가죽을 벗기고 기름기를 제거한 다음 무두질을 하여 팽팽하게 펴서 말려야 한다.

'개혁'도 마찬가지다. 이어령 교수가 "개혁은 가죽을 다듬는 철학"이라고 말하였던 것처럼, '개혁'은 수고와 노력을 통하여 부패하고 낡은 제도와 잘못된 사상과 의식을 새롭게 변화시키는 것이다. 종교개혁은 마르틴 루터가 로마 가톨릭 교회의 면죄부 판매에 맞서서 1517년 10월 31일 비텐베르크 성문에 「95개조 반박문」을 붙임으로써 본격화되었지만, 그 불씨는 이미 오래전부터 타오르고 있었다.

존 위클리프(John Wycliffe, 1320~1384)

위클리프는 로마 교황청의 세속 권한과 세속 재산에 대해 비판하면서 '교회론'(1378~79)을 통해 참된 교회란 구원받기로 예정한 사람

존 위클리프

들의 '보이지 않는' 교회라는 주장을 하였다. '보이지 않는' 교회는 당시 제도 교회인 로마 가톨릭 교회와 배치된다. 구원받기로 예정된 사람들의 모임인 '참된 교회'를 판별하는 근거는 '성경'이다. 위클리프는 '성경'의 진리를 사람들에게 알리고자 성경을 영어로 번역하였다. 그의 영어 번역 성경은 설교자들이 영어로 된 성경을 읽고 영어로 설교하는 획기적인 결과를 가져왔다. 위클리프가 죽고 난 후 1415년 콘스탄츠 공의회에서 그를 이단으로 선포하고 그의 책을 불태우라는 명령을 내렸다. 그 후 13년이 지난 1428년 교황 마르티노 5세는 위클리프의 뼈를 파내 불에 태우고 그 재를 잉글랜드의 스위프트 강에 뿌리라고 명령했다.

얀 후스(Jan Hus, 1369~1415)

위클리프의 추종자인 후스는 이름이 거위를 뜻한다. 후스는 1401년에 프라하 대학 철학과의 학장으로 임명되었으며, 1409년부터 1410년까지 이 대학의 총장직을 수행했다. 그는 체코인으로서 민족의식이 강했다. 언어는 그 민족의 영혼이라 할 수 있다. 그는 라틴어에서 벗어나 체코어로 저술활동을 했으며, 체코어로 찬송가를 보급하고 체코어 철자법을 개혁하여 오늘날의 체코어가 있게 했다. 후스는 1412년 면죄부 판매가 교회 타락의 상징이라며 공개적으로 비난했다.

콘스탄츠 공의회는 마르티노 5세를 교황으로 선출한 후 후스에게 소환장을 발부했다. 그러나 콘스탄츠에 도착한 후스는 바로 체포되어 재판을 받고 그의 저서들과 함께 화형에 처해졌다. 후스는 화형을 당하는 순간 집행자에게 이렇게 말했다.

프라하 구시가지(Old Town) 광장에 있는 얀 후스 동상

"이제 나는 내가 내 입술로 가르친 것을 내 피로 확증할 것이다. 당신은 지금 거위를 한 마리 태울 것이지만, 한 세기가 지나면 굽지도 끓이지도 못할 백조를 가지게 될 것이다."

실제로 후스가 죽으며 예언한 백조가 한 세기 만에 나타났는데, 그 백조는 종교개혁가 마르틴 루터였다. 루터는 지금도 독일에서 백조로 불린다. 후스는 1415년에 화형을 당했고 루터의 종교개혁은 1517년에 일어났다.

마르틴 루터(Martin Luther, 1483~1546)

아이슬레벤에서 태어난 루터는 1505년 광산업자인 부친의 요청으로 에어푸르트 법과대학에 입학하였지만, 친구와 함께 길을 가다가 낙뢰가 떨어지자 무서워 땅에 엎드리며 광부의 수호성인인 성 안나(St. Anna)에게 "살려준다면 수도원에 들어가겠다"라고 하였다. 법학을 그만두고 수도원에 들어간 루터는 비텐베르크 수도원에서 1507년 신부로 임명을 받고, 1509년부터 수도사들을 가르치기 시작하였다. 루터는 1510년 로마를 방문하였지만 타락한 교회의 모습에 실망하고 "오직 의

인은 믿음으로 살 것"(로마서 1:17)이라는 믿음의 확신을 갖게 되었다.

1517년 10월 31일 그는 면죄부 판매에 대한 「95개조 반박문」을 작성해 비텐베르크 성문에 붙임으로 종교개혁의 불길을 당겼다. 루터는 면죄부 판매에 대해 조목조목 반박했다. 로마 교황은 교회법과 자신이 내린 징벌 외에는 어떠한 징벌도 면죄할 수 있는 권한이 없다. 오직 면죄는 진정한 참회와 하나님의 은총에 달려 있다.

로마 교황청으로부터 파문된 루터는 선제후 프리드리히의 도움으로 바르트부르크(Wartburg)성으로 피신하였다. 성경에 대한 무지가 교회부패의 근본적인 원인이라고 보았던 루터는 이곳에 머무는 동안 신약성경을 독일어로 번역하여 1522년 9월에 출간하였다. 이후 구약성경을 히브리어에서 독일어로 번역함으로써 1534년에 성경전서가 독일어로 출간되었다. 마르틴 루터 독일어 성경은 그 후 표준적인 독일어 성경이 되었으며, 기독교 신앙뿐만 아니라 독일 문학사상(文學思想)에 있어서도 획기적인 업적이 되었다.

바르트부르크 성과 마르틴 루터방(국제성서박물관 전시실)

윌리엄 틴데일(William Tyndale, 1494~1536)

루터가 종교개혁을 하면서 성경을 독일어로 번역했지만, 영국 교회는 영어 성경 번역이 교회의 권위를 훼손하는 일이고, 라틴어 성경에 대한 모욕이라고 생각했다. 당시 많은 성직자도 성경을 제대로 읽지 못했다. 당시 위클리프가 번역한 영어성경이 있었지만, 읽거나 소지하는 것이 금지되었다.

틴데일은 영국에서 성경을 번역하는 것이 불가능하여 루터가 있는 독일의 비텐베르크에서 신약성경을 헬라어 원어에서 직접 영어로 번역하였다. 틴데일은 성경용어 번역 하나하나에 신경을 썼다. '에클레시아'를 '교회' 대신 '회중'으로, '아가페'를 '자선' 대신 '사랑'으로 번역하였다. 그리고 '고해'를 '회개'라는 말로 바꿈으로써 사제 앞의 고해 성사가 아니라 하나님 앞에서의 회개만이 구원받을 수 있다는 것을 강조하였다.

틴데일은 구약성경을 번역하던 중 영국에 들어왔다가 밀고자의 고발로 붙잡혀 1536년 10월 초에 사형을 선고받았다. 틴데일은 교수형과 함께 화형을 당하면서 마지막으로 말했다.

교수형과 함께 화형을 당하는 틴데일

"주여, 영국 왕의 눈을 뜨게 하소서!"

틴데일의 소원은 75년 뒤에 영국 왕 제임스 1세가 성경을 영어로 번역하도록 함으로써 이루어졌다. 1611년 출판된 『제임스왕역』(King James Version)은 가장 권위있는 공인성경으로 틴데일의 영어 성경을 대부분 참고하였다. 1882년 중국에 와 있던 영국선교사 존 로스(John Ross)가 최초로 한국어 성경을 번역할 때에 사용한 성경이 『제임스왕역』이었으니 오늘날 한국어 성경의 뿌리는 틴데일에게서 시작되었다고 해도 과언이 아니다.

특별전 개막 테이프 커팅

국제성서박물관은 마르틴 루터 종교개혁 500주년을 맞이하여 이동희 박사(한국학중앙연구원)를 초청하여 「종교개혁과 성경번역」이라는 주제로 2017년 9월 6일(수) 오전 10시 30분 주안감리교회 대예배실에서 특강을 하고, 9월 7일(목) 오후 2시에는 주암홀에서 「종교개혁과 성경」이라는 주제로 특별전 개막식을 했다.

마르틴 루터 종교개혁 500주년을 기념하여 준비한 이번 특별전에는 종교개혁의 도화선이 된 「95개조 반박문」을 박물관의 입구에 재현하였으며, 개막식 테이프 커팅을 그 앞에서 거행하였다. 전시실 안에는 루터가 성경을 번역했던 바르트부르크 성의 방을 재현하고, 관람객들이 자유롭게 앉아 성경을 필사함으로써 루터가 성경 번역을 하던 당시의 심정을 간접적으로나마 체험할 수 있도록 하였다.

전시실에는 마르틴 루터를 비롯하여 존 위클리프, 윌리엄 틴데일, 얀 후스, 테오도르 베자, 존 칼빈과 존 낙스 등, 종교개혁자들에 관한 소개와 함께 그들과 관련한 성경들을 전시하고 있다. 루터의 종교개혁은 "오직 성경"(Sola Scriptura)이라는 신앙을 모토로 "성경으로 돌아가자"는 것이 핵심이었다.

행복한 삶의 가치와 **박물관의 역할**

예수님의 첫 번째 설교 모음집인 산상수훈은 "심령이 가난한 자는 복이 있나니 천국이 그들의 것임이요"(마 5:3)라는 말씀으로 시작한다. '복이 있나니'라는 말씀이 8번 나온다고 해서 8복(福)이라고 한다. 신약성경의 원어인 헬라어 성경으로 보면 "마카리오이..."로 시작하는데, '행복하다'(happy)라는 뜻이다. 즉, 헬라어 원어를 직역하면 "행복하다. 심령이 가난한 자는, 천국이 그들의 것이기 때문이다"라고 되어 있다.

예수님께서 이 땅에 오셔서 행하신 설교의 첫 말씀이 '행복하다'(happy)라는 단어이다. 예수님은 이 땅에 있는 모든 인간이 행복한 삶을 살기를 원하시면서 진정으로 행복한 삶이 무엇인지를 말씀을 통해 가르쳐 주셨다.

문화의 다양성을 보여 주면서 인간의 과거와 현재, 그리고 미래를 담고 있는 대표적인 기관이 박물관이다. 2018년 11월 29일(목) 국무총리 공관에서 한국박물관협회 지역협의회 회장들이 이낙연 국무총리의 초청을 받아 오찬을 하며 간담회를 했다. 박물관의 역할과 중요성에 관한 대화를 나누면서 국무총리에게 박물관이 가진 현실적인 과제들에 대한 정부의 관심과 협력을 요청하였다. 이 국무총리는 오찬 후에 참석자들과 총리 공관을 돌아보며 직접 공관 내 건물 현판과 벽에 붙인 글씨들, 정원에 있는 등나무와 석조물, 건물의 구조 등에 대해 하나씩 소개를 해 주었다.

국가에서도 제4차 산업혁명의 물결 속에 급속하게 변화하는 세계화 시대에 융합적인 문화자원의 역량을 강화하기 위해 창의적인 문화정책을 시행하고, 더 나아가 분단의 극복과 통일을 위한 문화협력을 확대해 나가기 위한 노력을 하고 있다. 디지털 기술의 발전과 문화의 다양성을 지향하고 있는 현대 사회에서 국제성서박물관은 어떤 역할을 감당해야 할 것인지 고민하게 된다. 현대인들이 행복한 삶의 가치와 과학기술의 발전에 따른 행복한 삶의 미래에 대해 관심을 두고 있는 이때 국제성서박물관은 성경을 토대로 기독교적인 관점에서 행복한 삶의 참된 가치가 어디에 있는지를 제시해 줄 수 있다.

이낙연 국무총리

성경은 인간의 행복에 대해 근본적인 관심을 갖고 있다. 천지창조 때 하나님이 인간을 만드시고 "그들에게 복을 주시며 하나님이 그들에게 이르시되 생육하고 번성하여 땅에 충만하라, 땅을 정복하라, 바다의 물고기와 하늘의 새와 땅에 움직이는 모든 생물을 다스리라"(창 1:28)라고 하셨다. 여기서 '생육하라', '번성하라', '충만하라', '정복하라', '다스리라'라는 다섯 가지 동사는 오랫동안 인간이 자연을 지배하고 약탈하는 것으로 잘못 사용함으로써 오늘날 환경오염과 자연파괴라는 심각한 위기에 직면하게 되었다.

이 말씀들은 이 세계를 하나님이 창조하신 뜻에 따라 잘 보존하고 지키라는 뜻으로 새롭게 이해해야 한다. 하나님은 모든 인간이 복된 삶, 즉 행복한 삶을 살기를 원하셨다. 성경에서 말하는 복은 하나님의 뜻에 순종하며 그 뜻을 실천하는 것이다. 하나님이 세상을 창조하시고 보시기에 좋았다고 말씀하셨던 것처럼 우리 인간은 하나님의 청지기로 하나님이 창조하신 세계를 아름답게 보존하고 지켜서 후세에 물려주어야 할 사명이 있다.

예수님께서 이 땅에 오신 이유도 마찬가지이다. 예수님께서 산상수훈에서 첫 번째 설교를 하시면서 8복을 말씀하신 것은 모든 인간이

미켈란젤로의 '천지창조'(아담의 창조)

진정으로 행복한 삶을 살기를 원하셨기 때문이다. 우리는 성경을 통해 예수님께서 가르쳐 주신 죄의 문제, 질병의 문제, 사회적 관계의 문제 등, 인간의 몸과 정신을 해롭게 하는 모든 문제를 극복할 믿음과 참된 삶의 가치에 대해 배울 수 있다.

도자기 만들기 체험

인천 서구의 녹청자 박물관에서 관장월례회의를 하면서 박물관 관장들에게 도자기 만들기 체험을 할 기회를 마련해 주었다. 이와 같은 체험을 통해 시민들에게 흥미로운 교육의 기회를 제공해 줌으로써 행복감을 느낄 수 있도록 하는 것도 박물관의 중요한 역할 중의 하나이다. 이런 점에서 국제성서박물관은 소장하고 있는 다양한 성경들을 토대로 한 전시와 교육프로그램을 통하여 행복을 추구하는 현대인들에게 기독교의 참된 가치를 전해야 할 사명이 있다.

박물관 지원 사업과 **활성화**

백범 김구 동상(인천대공원)

현대는 문화의 시대다. 백범 김구 선생은 "나는 우리나라가 세계에서 가장 아름다운 나라가 되기를 원하지 가장 강한 나라가 되기를 원하지 않는다"고 하면서 "오직 한없이 가지고 싶은 것은 높은 문화의 힘이다. 문화의 힘만이 우리 자신을 행복하게 만들고 타인에게 행복을 전해주기 때문이다."라고 일찌감치 문화의 시대를 예고하였다.

문화가 삶의 중심을 이루고 있는 이때에 박물관은 전성기를 맞고 있다. 국제박물관협의회(ICOM)에 따르면 현재 세계 각국에 있는 박물관의 수는 전 세계에 매장을 둔 맥도날드나 스타벅스

보다 많은 숫자이다. 한국도 국·공·사립박물관을 통틀어 이미 1천 개를 넘어서고 있다. 박물관은 이제 유물 보관소 이상의 사회적 역할을 감당하고 있으며, 박물관의 상업화와 함께 "어떻게 하면 박물관 전시물을 관객에게 보다 효과적으로 전달할 수 있을까?" 하는 과제를 놓고 디지털의 도전과 4차 산업혁명에 민감하게 대응하고 있다.

인천광역시박물관협의회는 2019년 2월 정기총회를 개최하고 임봉대 관장의 후임으로 김종형 관장(범패민속문화박물관)을 3대 회장으로 선출하였으며, '3·1운동 100주년 기념 학술대회', '안중근 의사 유묵 탁본체험', '3·1운동 역사유적탐방', '태극기문양 디자인 공모전' 등, 다양한 「기미독립 100주년 기념 사업」을 진행하기로 하였다.

1. 안중근 의사 유묵 탁본체험

안중근의사 유묵 탁본체험

국제성서박물관은 인천광역시박물관협의회가 주최한 기미 독립 100주년 기념 사업의 일환으로 안중근 의사 유묵 탁본체험을 실시하였는데, 251명이 참여를 하였다. 1909년 10월 26일 하얼빈 역에서 일제강점기 조선총독부 초대 통감 이토 히로부미를 저격한 안중근 의사(1879년~1910년)는 뤼순 감옥에 갇혀서 사형을 당할 때까지 많은 글씨를 남겼다. 그중 몇몇이 보물 제569호 안중근 의사 유묵으로 지정이 됐다.

“백인당중유태화”(百認堂中有泰和, 백 번 참는 집안에 큰 평화가 있다), “일일부독서구중생형극”(一日不讀書口中生荊棘, 하루라도 책을 읽지 않으면 입속에 가시가 돋는다) 등 12개의 유묵을 각 회원관들이 나누어 진행하였는데, 국제성서박물관은 “인무원여 난성대업”(人無遠慮 難成大業, 사람이 멀리 생각하지 않으면 큰일을 이루기 어렵다)는 유묵으로 체험 프로그램을 진행하였다.

이 유묵은 현재 진행하고 있는 “다함께 돌자 박물관 한바퀴 - 보물을 찾아라” 프로그램을 위해 액자로 제작하여 전시실에 전시해 놓았다. 각 박물관을 관람하는 사람들은 박물관 내 전시실에 있는 안중근 유묵을 찾아 사진을 찍어 협의회 사무국에 제출하도록 함으로써 그 의미를 되새겨보도록 하였다. 우리 박물관에 전시된 안중근 유묵 탁본 액자는 김향순 권사(중원기업 대표)께서 제작해 기증해 주었다.

2. 태극무늬 에코백 만들기

미추홀구청 지원사업으로 태극무늬 에코백 만들기 체험 교육프로그램을 진행하였다. 태극무늬 에코백 만들기 프로그램의 취지는 3·1운동 및 일제강점기 독립운동, 교육운동, 농촌계몽운동 등과 관련한 기독교 자료와 성경, 그리고 찬송가 등의 유물과 연계하여 태극무늬의 의미를 되새기고 3·1운동 당시 인천에서 행해졌던 독립만세운동에 참여한 인천시민으로서의 자긍심을

태극무늬 에코백 체험

높이는 데 있다. 에코백은 항상 휴대할 수 있는 실용적인 가방으로 제작하여 태극무늬를 많은 이들이 함께 볼 수 있고 가깝게 느낄 수 있도록 하였다. 그동안 주안교회 교인들과 임봉대 목사가 진행한 〈바이블 토크〉 참가자들, 주안지방 연합 여름성경학교 어린이들, 그리고 미추홀구 관내 공립학교와 성덕감리교회 등, 교회 교인들도 참여를 하였다.

3. 국내박물관 탐방

국제성서박물관은 8월 24일(토)~25일(주일), 1박 2일간 강원도 고성과 강릉에서 진행된 국내박물관탐방에도 참여하였는데, 임봉대 목사와 신명숙 권사, 최낙환 권사, 윤순옥 권사, 유재숙 권사 등, 4명의 자원봉사자가 참석하였으며, 주안교회 교인인 변무숙 관장(애보박물관)도 참여하였다.

24일(토) 오전 8시 무형문화재전수관에서 출발한 일행은 강원도 고성에 도착하여 통일전망대, DMZ박물관, 6·25전쟁 체험관을 둘러보았다. 1983년 개관한 통일전망대는 우리나라 최북단 전망대로 북녘땅을 직접 볼 수 있으며, 날씨가 맑은 날에는 금강산 봉우리들을 육안

고성 통일전망대

DMZ박물관

으로 볼 수 있는 곳이다. 통일전망대 주차장에 있는 6·25전쟁체험전시관은 6·25 전쟁 당시의 모습과 분단의 현실을 피부로 느낄 수 있는 곳이다.

통일전망대 옆에는 통일전망대 교회가 있는데, 문이 열려 있어 들어가 보았더니 강단 뒤로 북녘땅을 볼 수 있도록 유리로 되어 있었다. 의자에 앉아 눈을 감고 남북 교류가 활발하게 이루어져 하루빨리 평화통일이 이루어지기를 기도하였다. 다른 한쪽에는 13.6m의 통일기원 미륵불과 10.5m의 성모 마리아상 등, 각 종교를 대표하는 조각상들이 북녘을 향해 세워져 있었다.

통일전망대에서 차를 타고 약 5분 정도 가면 DMZ박물관이 있다. DMZ(비무장지대)는 냉전이 낳은 비극의 상징이면서 오랫동안 인적이 닿지 않음으로 인해 잘 보존된 대자연의 보고이다. 2009년 개관한 DMZ박물관은 외부에 실제로 사용된 확성기 등, 대북선전장비를 비롯하여 북한 어선들과 탈북민이 타고 온 선박이 전시되어 있다. 실내 전시관에는 평화 통일을 염원하는 마음으로 1층 전시관에 한국전쟁과 DMZ의 과거 모습이 전시되어 있고, 2층에는 '다시 꿈꾸는 땅', '평화 나무가 자라는 DMZ' 등의 주제로 전시되어 있다.

4. 유물목록 정리

국제성서박물관은 2020년도 교육관 겸 박물관 건물의 리모델링을 앞두고 유물목록 작성을 하고 자원봉사자들의 도움을 받아 유물 이동을 위한 포장작업을 하였다. 유물의 포장과 이동 시 유물에 손상이 가지 않도록 특별히 주의를 기울였다.

국제성서박물관은 세계적으로 자랑할 만한 다양한 성경들을 소장하고 있기 때문에 발전 가능성에 대한 무한한 잠재력을 갖고 있다. 현재 전문인력 채용과 교육 사업 등에 대한 정부와 지자체의 지원을 일부 받고 있지만 주안감리교회가 박물관 운영을 전적으로 감당하고 있는 실정이다. 이와 같은 상황 속에서 박물관의 '지속 가능성'이 중요한 관심사가 되고 있으며 박물관의 발전을 위한 구체적인 방안이 수립되어야 한다고 본다.

국제성서박물관은 2020년 교육관 리모델링을 계기로 전시실도 어느 정도 새롭게 단장하고 다시금 도약할 수 있는 계기를 마련할 수 있기를 기대하고 있다. 정부에서는 2019년 7월부터 박물관과 미술관 입장료에 대한 세금공제 혜택을 실시하고 있어서 국제성서박물관에서도 카드단말기를 설치하고 카드 결제를 통해 참여하고 있다. 새롭게 변화하고 있는 박물관과 미술관 환경에 부응하여 국제성서박물관도

유물 정리

유물 포장

보다 효과적인 박물관 홍보와 박물관 발전을 위한 수익사업도 적극적으로 추진해야 할 것으로 생각된다.

영국의 미술비평가 겸 큐레이터 로버트 휴이슨(Robert Hewison)은 "정부 지원이 줄어드는 상황에서 박물관은 더 많은 상업 스폰서를 유치하거나 더 많은 방문객을 유치하느냐의 갈림길에 서 있고, 바람직한 길은 후자"라며 "21세기 박물관의 성패는 그것이 공공의 영역에서 활발한 구성원으로 남을 수 있느냐에 달렸고, 이를 위해 박물관은 전시, 교육프로그램, 홍보 등 대중과 접점을 찾을 수 있는 모든 노력을 기울여야 한다."고 말했다.

국제성서박물관 개관 25주년과 **전시의 변화**

2020년은 국제성서박물관 개관 25주년이 되는 해다. 국제성서박물관은 1995년 개관된 이래 25년이 지나는 동안 나름대로 많은 변화가 있었다. 주로 성경책을 중심으로 진열해 놓았던 전시물에 노아의 방주, 성막, 구텐베르크 인쇄기 등을 제작, 전시하여 볼거리를 제공하고, 고대 이스라엘 제사장 의복, 독일 바르트부르크 성 마르틴 루터 방 등을 재현하여 현장감을 높였다.

마르틴 루터 방

이를 위해 전시실의 일부를 개조하기도 하였지만, 1995년 개관 당시의 전시실 구조를 근본적으로 바꿀 수는 없었다. 현재 사용하고 있는 박물관은 주안감리교회 창립 70주년 기념으로 건축한 교육관 겸 박물관 건물 5층에 위치해 있다.

주안감리교회는 2020년 창립 95주년을 맞이하여 25년 된 박물관 및 교육관 건물을 대대적으로 리모델링하기로 그동안 기도로 준비해 왔다. 재건축(remodeling)을 위한 설계를 하면서 현재 5층에 있는 박물관 전시실과 교육실, 학예연구실과 4층에 있는 박물관장실 등을 2층으로 이전하기로 하였다. 이에 따라 국제성서박물관에도 큰 변화가 있게 되었다.

그동안 국제성서박물관의 전시현황은 급변하고 있는 시대 변화에 부응하고자 노력하고 있는 일반 박물관들이나 해외 선진 박물관들과 비교해 볼 때 많이 뒤떨어져 있었다. 현대의 박물관들은 전시 콘텐츠의 다양성을 추구하면서 4차 산업혁명 시대에 걸맞은 전시연출 기법들을 최대한 활용하고 있다. 오늘날 관람객의 흥미를 유발하고 소통하는 현대의 박물관 전시 경향에 비해 국제성서박물관은 단조로운 형태의 전시관이 주를 이루고 있어서 늘 아쉬움이 있었다.

현대의 박물관은 관람객과 적극적으로 소통하는 복합문화공간으로 변모하고 있다. 박물관 전시 기법도 과거에는 교육적이고 계몽적인 성격이 강했다면 현대에는 관람객의 감성에 호소하여 흥미와 재미를 줄 수 있는 유형들이 많이 나타나고 있다. 국제성서박물관은 성경을 중심으로 한 기독교 박물관이라는 특성을 갖고 있어서 주로 교육적이고 교훈적인 요소들 위주로 전시가 이루어져 왔기 때문에 관람객들에게 시대에 뒤떨어졌다는 느낌을 줄 수밖에 없었다.

그러나 2020년 박물관 및 교육관 건물 재건축을 계기로 박물관을 2층으로 이전하면서 전시실을 포함한 모든 시설을 새롭게 단장할 수 있게 되었다. 관람객들의 접근성과 전시공간의 효율성을 최대한 높이면서 흥미롭고 재미있는 체험과 교육적인 기능을 잘 감당할 수 있는 국제성서박물관의 면모를 갖추고자 한다.

1. 박물관의 공간 구성

박물관을 2층으로 이전하면서 승강기와 계단을 중심으로 한 로비의 한쪽에는 교육실과 사무실을 두고 다른 한쪽에는 전시실과 수장고를 배치하고자 한다. 전시실과 수장고는 항온 항습 및 보안 시설을 설치하여 관리하고 교육실과 사무실은 박물관 관람 외 시간에도 자유롭게 출입하거나 사용할 수 있도록 할 계획이다.

로비에는 박물관 설립자인 주암 한경수 감독의 높은 뜻을 되새기고 널리 알리기 위해 '주암기념관'을 꾸민다. 김병화 조각가가 제작한 부조(浮彫)를 설치하고 유품들을 전시하면서 그의 일대기와 그의 저서들을 소개한다.

한경수 감독 부조(김병화 作)

1997년 한국 기독교 선교대상을 수상한 한경수 감독

2. 전시방법의 분류

<table>
<tr><th>대분류</th><th>중분류</th><th>소분류</th><th>전시내용</th></tr>
<tr><td rowspan="8">고정
전시</td><td rowspan="3">2차원
전시</td><td>벽</td><td>그림, 사진설명, 그래픽 등</td></tr>
<tr><td>바닥</td><td>동선표시, 지도 등</td></tr>
<tr><td>천장</td><td>설명 판넬</td></tr>
<tr><td rowspan="5">3차원
전시</td><td>진열장</td><td>유물, 복제유물</td></tr>
<tr><td>전시대</td><td>모형, 세트 등</td></tr>
<tr><td>디오라마
전시</td><td>3차원 실물 복제품 또는 축적 모형을 말하며, 주로 역사적 사건, 자연 풍경, 도시 경관 등을 제작하여 활용한다.</td></tr>
<tr><td>아일랜드
전시</td><td>전시물이 벽면이나 천장을 직접 이용하지 않고 주로 입체전시물을 중심으로 하여 공간적인 전시공간을 만들어 내는 기법</td></tr>
<tr><td>하모니카전시</td><td>전시 평면이 하모니카의 흡입구처럼 동일한 공간으로 연속되어 배치되는 전시기법</td></tr>
<tr><td rowspan="5">작동
전시</td><td rowspan="5">작동전시란
움직이는
전시형태로서
시간이
경과함에 따라
변화하므로
4차원 전시에
속한다.</td><td>실연전시</td><td>전문가의 실연설명을 통해 전시물의 작동원리 및 특성을 관찰·학습하는 전시기법</td></tr>
<tr><td>실험전시</td><td>관람자 자신이 직접 전시물을 대상으로 행하는 조작과 전시물이 지닌 과학현상 등을 관람자가 직접 실험을 통해 재현해 봄으로써 과학의 기본원리 및 학습효과를 얻을 수 있는 전시기법</td></tr>
<tr><td>작동전시</td><td>전력, 풍력, 수력, 인력과 단체 연료 등의 동력을 사용하여 전시물을 움직여 보임으로써 전시효과 및 학습효과를 얻는 전시수법</td></tr>
<tr><td>체험전시</td><td>전시물이 지닌 특성 및 정보를 시각뿐 아니라 촉각·청각·후각 등을 통해서 심리적 만족감을 얻는 전시기법</td></tr>
<tr><td>모빌전시</td><td>매달린 전시물에 자연풍력 및 각종 모터 장치로 전시물을 움직여 한 방향에서 전시물의 다양한 변화감 및 운동감을 줄 수 있는 전시형태</td></tr>
<tr><td rowspan="5">영상
전시</td><td rowspan="2">정시영상</td><td>정지단일영상</td><td>정지된 단일영상매체로 실물을 직접 전시할 수 없는 경우나 전사물의 이해를 돕는 보조 수단</td></tr>
<tr><td>정지다원영상</td><td>멀티슬라이드</td></tr>
<tr><td rowspan="2">동영상</td><td>동적단일영상</td><td>비디오, 비디오테크, 멀티미디어</td></tr>
<tr><td>동적다원영상</td><td>멀티비전, 멀티큐브 시스템, 써클비전</td></tr>
<tr><td>특수영상</td><td>레이저 등을
이용한 전시</td><td>입체영상, VR, 매직비전, IMAX</td></tr>
</table>

참고: 배수경, 공순구, "기독교 박물관의 전시유형과 전시기법에 관한 연구,"「한국실내디자인학회 학술대회논문집」(2015), 106.

전시는 유물들을 효과적으로 전달하기 위해 3차원의 공간에 연출하는 시각적 조형이다. 전시는 한 주제와의 소통(communication)이며 유용성과 문화성을 포함하는 복합적 기능을 창출한다. 전시의 배열은 그 자체가 예술이면서 전시 그 자체에 관심과 사고를 요구한다.

전시디자인의 최근의 경향을 보면 무엇보다도 개성을 반영하여 새로운 감각과 느낌의 반영, 기술적 향상, 살아가는 환경을 창조한다. 전시의 개념은 장식(decoration)에서 보이는 것(show)으로, 사적인 것(private)에서 사회적인 것(social)으로 변화하고 있다.

3. 박물관의 전시 방향

오늘날 고도로 발달한 정보기술로 인하여 디지털 미디어를 활용한 쌍방향 커뮤니케이션이 활발하게 이루어지고 있는데, 박물관도 예외는 아니다. 디지털 미디어의 발전은 박물관 전시분야에도 영향을 미치게 되었다. 그러나 국내에 있는 기독교 박물관들을 보면 진열장, 그래픽, 모형 등 정적인 매체를 중심으로 한 교육적 전시유형이 많이 있는데, 이것은 유물의 수집, 보존, 연구, 전시를 중심으로 단순하게 진열된 전시물을 볼 수 있도록 하는 아이즈 온(Eyes-on) 전시이다.

디지털 미디어에 익숙한 관람객의 요구에 부응하기 위해서는 시각과 청각 등을 통해 인간의 감각을 자극하고 쌍방향의 커뮤니케이션이 가능한 영상매체의 활용이 요구되고 있다. 양화진 선교사 묘원 홍보관, 렛츠바이블 전시관 등, 근래에 개관한 박물관의 경우 영상, 음향, 특수조명 등을 활용한 감성적이고 체험적인 요소들이 많이 나타나고 있다. 2019년도에 개관한 새문안교회 역사관의 경우 언더우드 목

새문안교회 역사관 입구

사의 선교에서부터 시작하여 새문안교회의 역사를 시대순으로 전시하고 있는데, 영상이나 특수조명 등 첨단미디어 매체를 활용한 전시기법이 눈길을 끌고 있다.

국제성서박물관은 주어진 전시여건과 환경을 고려하여 최대한 현대적 감각에 맞는 전시실을 구현하고자 한다. 국제성서박물관은 다양한 희귀 성경들뿐만 아니라 세계 각국 300여 개 이상의 언어로 쓰인 방대한 양의 성경들을 소장하고 있기 때문에 다 전시를 할 수 없고, 주제별로 분류하여 전시를 하면서 1년에 한두 번씩 순차적으로 전시물을 교체하여 변화를 주는 것이 좋다.

국제성서박물관의 대표적인 유물로는 사해사본 이사야 두루마리(영인본), 구텐베르크 성경 관련 자료들, 킹 제임스 성경 초판 원본(1611년)을 포함하여 5천여 점에 이르는 각종 성경이 있으며, 마르틴 루터를 비롯한 종교개혁자들과 관련한 성경들도 대부분 소장하고 있다. 그 외에 노아의 방주, 성막 모형과 고대 이스라엘 제사장 의복과 유대인 복장 및 각종 절기 용품들이 있으며, 모압 왕 메사 석비(복제품)를 비롯한 고대 중동 지역과 이스라엘의 생활상을 엿볼 수 있는 유물들도 가지고 있다.

특히 2022년 인천 송도에 국립세계문자박물관이 설립될 예정인데 국제성서박물관은 고대에서 현대에 이르는 세계 각국의 다양한 문자들과 관련한 각종 성경을 구비하고 있어서 문자의 세계와 발달을 살펴볼 수 있는 곳이기도 하다. 이런 점에서 국제성서박물관은 성경을 중심으로 한 기독교 신앙뿐만 아니라 세계기록문화와 문자의 역사, 고대 중동지역의 종교와 문화, 서구 문화의 발전 등에 관한 다양한 지식과 정보를 관람객들에게 보여주고 상호 소통할 수 있는 문화공간이라고 할 수 있다.

4. 박물관 자원봉사

박물관이 관람객과 적극적으로 소통할 수 있는 문화공간으로 그 역할을 제대로 감당하려면 현대적 감각에 맞는 전시 설비를 갖추는 것도 중요하지만, 전문적인 식견을 갖춘 도슨트(해설사)들과 체험 교육을 흥미롭고 재미있게 진행할 수 있는 자원봉사자들이 많이 필요하다.

박물관에서는 자원봉사자들이 소명감과 전문성을 갖고 전시 해설

충주세계무술공원(2018년)

사와 교육프로그램 보조 교사 등을 감당할 수 있도록 교육해야 한다.

자원봉사자의 전시해설

2019년에는 한국박물관협회의 「박물관 문화의 날」 사업으로 2월부터 7월까지 '문화강좌'(3회)와 '음악회'(3회)를 실시하고, 자원봉사자 발굴을 위해 4주간 동안 〈박물관 역사문화강좌〉와 "아브라함은 왜 장자인가?", "까마귀는 억울해요"라는 주제로 〈바이블토크〉를 진행하였다.

앞으로 국제성서박물관이 더욱 발전하여 기독교 박물관으로서의 사명을 갖고 교회와 지역사회를 위한 문화적 허브(hub)의 역할을 감당해 나갈 수 있기를 기대한다.

주안감리교회 교육관 겸 국제성서박물관 리모델링 조감도

HOLY BIBLE
Holy Bible

영어 성경의 역사

영어 성경의 역사

John Reumann(임봉대 편역)

성경은 기독교의 경전으로 구약 39권과 신약 27권 등 모두 66권으로 구성되어 있다. 구약성경 39권은 히브리어와 아람어로 쓰여 있는데 주후 100년경 팔레스타인에 있는 얍니아 랍비 회의(a council of rabbis at Jamnia in Palestine)에서 경전으로 결정되었다. 로마 가톨릭 교회가 트렌트 종교회의(Council of Trent)를 통해 39권 외에 14권을 추가하였지만, 1548년 종교개혁 이후 개신교에서는 이들을 외경으로 받아들이고 39권만을 경전으로 인정하고 있다. 신약성경의 경우 개신교나 가톨릭 모두 27권을 경전으로 받아들이고 있다. 신약성경 27권이 최초로 언급된 것은 주후 357년 아타나시우스(Athanasius)에 의해서이다.

기독교 이전의 문헌들은 대개 두루마리(scroll)나 파피루스(papyrus)에 쓰였지만, 기독교에서는 성경을 특별히 '코덱스'(codex)라는 책의 형태로 만들었다. 코덱스는 사용하거나 갖고 다니기에 용이하였다.

선교운동과 성경번역

성경을 다른 언어로 번역하기 시작한 것은 말세가 이르기 전에 세상 모든 민족에게 복음을 전해야 하는 초대교회의 선교적 열정에서 비롯되었다. 설교와 가르침, 교회생활, 예배 등 모든 것이 성경을 라틴어와 시리아어 등 여러 나라의 언어로 번역해야 할 필요성을 느끼게 하였다. 성경의 번역은 아람어를 사용하는 유대계 기독교인들이 헬라어로 쓰인 예수에 관한 말씀을 이방인들에게도 전하고자 하면서 시작되었다. 유대교에서는 이미 헬라어를 사용하고 있는 이들을 위해 히브리어 성경을 헬라어로 번역하였는데, 대표적인 것이 주전 2세기경부터 이집트의 알렉산드리아에서 번역한 칠십인역(LXX)이다. 기독교에서는 주후 4세기경부터 구약과 신약성경을 아프리카의 콥틱어와 에티오피아어, 중동의 시리아어 등으로 번역하였다.

영어 성경 번역의 역사에 있어서 특별히 중요한 것은 라틴어 성경인데, 최초의 라틴어 성경번역은 아프리카에서 주후 2세기 말경에 시작되었다. 382년에 로마의 감독인 교황 다마수스(Pope Damasus)는 제롬(Jerome)에게 표준이 될 라틴어 성경번역을 명령하였다.

제롬은 처음에 헬라어 칠십인역에 기초하여 번역된 현존하는 시편의 라틴어 번역을 개정하려고 하였지만, 맘에 들지 않아 387년에 재개정을 하였는데, 이것은 『갈리안 시편』(Gallican Psalter)으로 알려져 있으며 오늘날까지 대부분의 로마 가톨릭 교회에서 사용하고 있다. 그

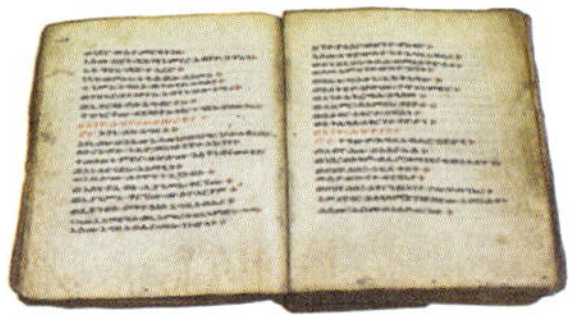

이디오피아 성경(1545년)

불가타 성경(1486년)

러나 제롬은 계속해서 392년에 베들레헴에서 라틴어로 된 시편의 세 번째 개정을 하였는데, 이때는 히브리어 본문을 사용하였다. 히브리원문에서 번역하는 것이 중요하다는 것을 인식한 제롬은 406년까지 구약성경의 나머지 부분들을 모두 히브리어에서 번역하였다. 이렇게 번역된 제롬의 『라틴어 성경』은 주후 8~9세기에 서방 교회의 성경이 되었으며, 13세기부터 『불가타 성경』(Vulgate Bible)이라고 불리게 되었다. 라틴어 'Vulgata'(불가타)는 '대중적인'이란 뜻이다.

중세시대의 성경

중세시대의 라틴어 성경은 자물쇠로 채워 놓아서 마치 사용하지 않는 것 같은 인상을 주었다. 비록 인쇄술이 발달되지 않아 필사된 성경을 소수의 사람만이 읽을 수밖에 없었지만, 중세 교회가 성경의 메시지를 버린 적은 결코 없다. 교회는 예술, 그림, 모자이크, 음악, 연극 등, 다양한 방법으로 성경의 내용을 표현하였다. 중세 교회는 고대 지식의 보고였으며, 수도원에서는 성경을 필사하여 15세기경에 유럽에 2만 권이 넘는 필사본 라틴어 성경들이 있었다. 인쇄술이 등장하면서

부터는 기독교인들이 인쇄술을 잘 활용하여 불가타 성경을 인쇄하기 시작하였는데, 1500년에 124판의 라틴어 성경들이 인쇄되었다.

중세성경(바티칸 도서관 소장)

이렇게 중세교회가 성경의 유산을 이으려고 노력하였음에도 불구하고 수도사들이 필사한 성경들이 폭넓게 이용되기에는 충분하지 않았으며, 바이킹의 침략으로 수 세기 동안 쌓아 온 책들이 한꺼번에 소실되기도 하였다. 특히 중세 암흑기에 교회는 초기에 가졌던 선교 열정에 의한 성경번역과 달리 성경을 자국어로 번역하는 것을 금지하였다. 1376년에 교황 그레고리 11세(Pope Gregory XI)는 평신도들의 성경연구를 금지하였으며, 1408년 칙령을 통해 성경번역을 금지시켰다. 심지어 스페인의 페르디난드(Ferdinand)와 이사벨라(Isabella)는 자국어로 된 것을 소유하고 있는 것조차 불법이라고 선포하였다.

영어성경 번역의 시작, 존 위클리프(John Wycliffe) 성경

영국에 기독교가 처음으로 들어온 것은 어거스틴(Augustine)이 597년에 40명의 수도사와 함께 켄트(Kent)에 도착했을 때이다. 700년경 수도원장이요 감독이 된 알드헴(Aldhelm)이 시편을 앵글로색슨어로 번역하고 노래로도 불렀으며, 1000년경에 베네딕트 수도사인 앨프릭(Aelfric)이 더 많은 성경을 앵글로색슨어로 번역하였다. 알프레드 대왕(Alfred the Great, 849~899)은 알프레드 법전으로 알려진 그의 법률

집에 출애굽기 20~23장(the Golden Rule, 황금률)을 앵글로색슨어로 집어넣었다.

위클리프 성경을 포함한 헬라어 성경 (1815년)

100년 전쟁과 흑사병으로 피폐해진 14세기에 존 위클리프(John Wycliffe. 1320?~ 1384)는 종교개혁 이전의 개혁자로서 처음으로 성경 전체를 영어로 번역하였다. 위클리프는 옥스퍼드에서 공부하였으며 처음에는 교황과 교회의 세속성에 대해 정치적이고 사회적인 관점에서 비판하였지만, 1378년 이후 교리에 대한 의문을 갖게 되면서 성경에 관심을 집중하게 되었다. 위클리프는 성경을 일반 사람들이 읽을 수 있는 언어로 번역하는 것이 로마 가톨릭 교회를 대적하는 가장 확실한 방법이라는 확신을 갖게 되었다. 위클리프는 라틴어 성경을 영어로 번역하였다. 신약성경의 번역은 1380년에, 구약성경은 1382년에 끝마쳤는데, 구약성경의 경우 니콜라스(Nicholas of Hereford)의 역할이 컸다. 1382년 판은 위클리프의 제자인 존 퍼비(John Purvey)에 의해 1390년대에 개정되어 1408년에 끝마쳤다.

이때까지만 해도 아직 인쇄기가 발명되기 전이었다. 그러나 위클리프의 추종자들(롤라드파라고 부름)에 의해 그의 가르침과 번역이 퍼져나갔으며, 옥스퍼드와 스코틀랜드가 위클리프 운동의 중심지가 되었다. 마르틴 루터가 「95개조 반박문」을 붙인 지 4년 뒤인 1521년에 링컨(Lincoln)의 감독이 500명의 위클리프 추종자들을 체포하기도 하였다.

윌리엄 틴데일(William Tyndale) 성경

1515년부터 1616년까지 100년 동안, 특히 1526년에서 1611년 사이에 중요한 영어 성경들이 번역되었다. 유럽대륙에서 르네상스와 함께 자국어로의 성경번역 붐이 일어나면서 독일의 마르틴 루터에게 영향을 받은 윌리엄 틴데일(William Tyndale)이 영어 성경 번역의 불을 붙였다.

1494년에 태어난 틴데일은 옥스퍼드(Oxford)에서 교육을 받았지만 케임브리지(Cambridge)에서 공부할 때에 헬라어를 배우고 성경에 대한 관심을 갖게 되었다. 1522년경 가정교사를 하면서 성경을 영어로 번역하여 "쟁기를 가는 소년이 교황보다 성경을 더 많이 알 수 있도록 하겠다"는 결심을 하게 되었다. 그러나 런던에서 그는 감독이나 교회의 도움을 받을 수 없어 1524년에 독일로 떠났다. 틴데일은 마르틴 루터가 있는 독일의 비텐베르크(Wittenberg)에서 공부하였으며, 그곳에서 1525년에 신약성경을 영어로 번역하여 1526년에 개혁도시인 보름스(Worms)에서 출판하였다. 복사본들이 영국으로 밀수되었지만, 인쇄된 15,000권 이상의 신약성경들이 불타 버리고 현재는 단 2권만이 남아 있다. 영국의 추기경 월시(Wolsey)는 "틴데일의 신약성경을 불태우는 것보다 더 전능하신 하나님을 기쁘시게 하는 어떤 번제물도 없다"고 단언하였다.

윌리엄 틴데일 성경(1965년)

네덜란드와 독일에서 망명생활을 하면서 틴데일은 구약성경을 번역하기 시작하였다. 그는 히브리어를 배우고 1530년 마르부르크

(Marburg)에서 오경(Pentateuch)을 영어로 출판하였다. 1531년에 그는 요나서를 번역하고, 그 이후에도 계속적인 번역작업을 하였지만, 헨리 8세(Henry Ⅷ)에 의해 이단으로 규정되어 1536년 10월 6일에 교살된 후 불태워졌다. 그는 운명하면서 "주여, 영국 왕의 눈을 열어 주소서"라는 마지막 말을 하였다.

커버데일 성경(Coverdale Bible)

틴데일이 죽은 이후에도 1535년에서 1539년 사이에 나타난 다른 성경들이 틴데일의 영향을 받았다. 틴데일의 성경이 해적판으로 퍼지면서 영국에서는 영어 성경에 대한 욕구가 더욱 커져 갔다. 틴데일의 작업을 이은 사람은 케임브리지 루터파 그룹의 한 사람인 마일스 커버데일(Miles Coverdale, 1488~1568)이었다. 그는 생애 후반기를 독일에서 보냈으며, 튀빙겐에서 박사학위(D.D.)를 받았다. 1527년에 그는 이미 성경 번역을 시작하여, 1535년에 『커버데일 성경』이 나와 유럽 대륙의 어딘가에서 인쇄되었다. 왕의 관심을 의식하여 커버데일은 외교적으로 성경을 왕에게 헌정하였다. 헨리는 허가를 내리진 않았지만, 출판하는 것을 금지하지도 않았다. 1535년의 커버데일 성경은 영어로 인쇄된 최초의 완역본이다.

커버데일 성경
(19세기 영인)

토마스 매튜 성경(Thomas Matthew Bible)

틴데일이 죽기 전에 그가 감옥에서 번역한 몇몇 구약 성경들은 출판되지 못하였다. 그가 쓴 종이들이 케임브리지 출신으로 루터교 목사인 존 로저스(John Rogers)의 손에 들어갔다. 존 로저스는 메리 여왕에 의해 죽임을 당한 첫 번째 개신교 순교자로 그는 아내와 열한 명의 자녀들이 보는 앞에서 화형을 당했다. 틴데일의 작업을 사용하면서 로저스는 1537년 비텐베르크에서 '토마스 매튜'(Thomas Matthew)라는 이름으로 성경을 출판하였다. 토마스 매튜는 그의 출판을 재정적으로 도왔던 런던의 생선장수라는 설이 있지만, 이단자로 몰려 책이 소실될 것을 막기 위하여 사용한 필명이었던 것으로 보인다.

큰 성경(The Great Bible) – 최초의 공인 성경

두 개의 성경이 영국에서는 통용되었는데, 둘 다 만족스럽지 못했다. 커버데일은 간접적이고 땜질식으로 작업이 이루어졌으며, 매튜 성경은 균형 잡히지 않은 편집본이었다. 이런 상황에서 크롬웰(Cromwell)은 영국에서 권위 있는 성경을 출판하기 위해 커버데일 성경에 관심을 기울였다. 그는 한 권의 책으로 인쇄할 계획을 세웠고, 이렇게 큰 책을 인쇄할 수 있는 인쇄기는 파리(Paris)밖에 없었다. 활자와 인쇄기 등이 런던으로 밀반입되어 새로운 성경이 1539년에 등장하였는데, 그 크기(15인치 × 9인치) 때문에 『큰 성경』(The Great Bible)이라고 알려지게 되었다.

큰 성경 낱장
(1539년)

제네바 성경(The Geneva Bible)

영국에서 가톨릭교도인 메리(Mary) 여왕이 통치할 때(1553~1558)

제네바 성경(1607년)

에 메리 여왕의 박해를 피해 많은 개신교도가 스위스 제네바에 정착하였다. 당시 제네바에는 종교개혁자인 존 칼빈(John Calvin)이 있었다. 칼빈의 부인의 누이와 결혼한 윌리엄 위팅햄(William Wittingham)은 후에 더햄(Durham)의 감독이 되었는데, 그를 포함해서 런던에서 피신해 온 사람들에 의해 성경을 번역하게 되었다. 이들은 학자들이 중심을 이루었으며, 이들 중에는 후에 『제임스왕역』(King James Version)의 번역에 참가한 사람들도 있었다.

『제네바 성경』은 16세기에 영국에 들어 온 가장 영향력이 있는 책이 되었다. 『제네바 성경』은 엘리자베스 통치 기간에 90판이 출판되었는데, 스코틀랜드 교회에서 '공인 성경'으로 여겼으며 아메리카의 버지니아(Virginia)와 메사추세츠(Massachusetts)에 이주한 초기 정착민들의 성경이기도 하였다.

『제네바 성경』은 학자들의 주해가 적혀 있는데, 언어적인 탁월함과 그 기술로 인해 영국 문학사에 지대한 영향을 주었다. 처음으로 성경 본문이 절들로 나누어졌으며 이탤릭체의 사용이 등장하였다. 제네바에 있던 학자인 테오도르 베자(Theodore Beza)는 이탤릭체를 원어 표기를 가리키기 위해서가 아니라 영어로 의미가 통하게 할 필요가 있는 단어들을 가리키기 위해 사용하였다. 『제네바 성경』은 또한 커다랗고 시커먼 영어 고어들 대신에 작고 명확한 로마자를 사용함으로써 쉽게 읽을 수 있고 가정에서 사용할 수 있는 작은 책으로 만들 수 있도록 하였다.

감독 성경(The Bishop's Bible) – 두 번째 공인 성경

『제네바 성경』이 칼빈주의적인 요소가 매우 강하였기 때문에 영국 국교회는 자신들에게 맞는 새로운 성경을 출판하기로 하였다. 1539년에 나온 『큰 성경』(The Great Bible)은 개인적으로 사용하기에 너무 크고 『제네바 성경』과 비교해 볼 때 불확실한 번역이 많았다. 따라서 1564년에 대주교인 매튜 파커(Matthew Parker)는 보다 정확하고 대중적인 성경을 위해 큰 성경을 개정할 계획을 세웠다.

주로 영국 국교회 감독들이 참여하여 1568년에 『감독 성경』을 출판하였다. 그러나 『감독 성경』은 불완전한 요소들을 갖고 있었는데, 구약성경은 1539년의 『큰 성경』과 크게 차이가 없었다. 신약성경은 구약보다 잘 번역되기는 하였지만 『제네바 성경』에서 따온 번역도 많았다. 1537년에 파커는 교회 회의 소집하여 모든 감독들과 교회들이 『감독 성경』을 사용할 것을 공표함으로서 『감독 성경』이 교회에서 사용하는 공인 성경이 되기는 했지만, 사적으로는 『제네바 성경』을 대신하지 못했다.

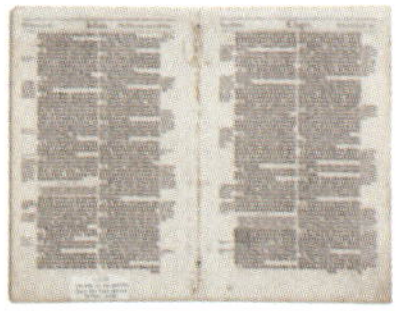

감독성경 낱장(1568년)

감독성경(1595년)

랭스-듀아이역(The Rheims-Duai Version)

엘리자베스 통치 기간에 영국의 많은 가톨릭 교도가 피신하여 예수회 신학교가 있는 플랜더스의 듀아이(Douai in Flanders)에 정착하였다. 여기서 로마 가톨릭 교도들을 위한 성경이 영어로 번역되었다. 신약성경은 1582년에 프랑스의 랭스(Rheims)에서 나왔으며, 구약성경은 외경을 포함하여 1609~1610년에 듀아이에서 인쇄되었다. 인쇄된 장소에 의해 성경의 이름을 『랭스-듀아이역』(Rheims-Duai Version)이라고 하였다. 번역자들은 히브리어나 헬라어 원문이 아닌 라틴어 불가타 성경을 이용하였다. 불가타 역을 로마 가톨릭 교회의 경전으로 천명한 트렌트 종교회의 전통을 따른 것이다.

제임스왕역(The King James Version) - 세 번째 공인 성경

17세기에 영국에서는 『제네바 성경』, 『감독 성경』, 『듀아이 성경』들이 사용되었다. 당시는 스펜서(Spenser)와 세익스피어(Shakespeare) 등이 등장한 영국의 황금시대였다. 그러나 종교적으로는 아직 불안정한 가운데 1603년 엘리자베스 여왕이 후계자 없이 운명하였다. 엘리자베스에 의해 처형된 메리 여왕의 아들인 스코틀랜드의 제임스 4세가 잉글랜드와 스코틀랜드를 합한 대영제국을 다스리는 제임스 1세가 되었다.

제임스 1세는 종교적 안정을 위해 "하나의 통일된 영어성경"을 발행하기로 하고 45명의 학자에게 구약과 신약성경 및 외경 번역을 의뢰하였다. 특별한 번역 원칙들이 제시되었는데, 『감독 성경』을 기본으로 하고 수정이 필요한 경우 이전의 번역본들인 『틴데일 성경』, 『커

제임스왕역(King James Version, 1611년)

버데일 성경』, 『매튜 성경』, 『큰 성경』과 『제네바 성경』 등을 참고하여 확실하게 하도록 하였으며 성경의 테두리에 주석을 다는 것을 금지하였다. 1607년부터 1610년 사이에 집중적으로 작업하여 6명으로 구성된 소위원회에 의해 마무리한 후 1611년에 출판되었다. 같은 해에 셰익스피어의 『겨울밤 이야기』(the Winter's Tale)와 『태풍』(The Tempest)도 출판되었다. 『제임스왕역』은 1611년 출판된 이래 1887년 캔터베리(Canterbury)에서 개최된 영국 국교회 주교회의에서 『제임스왕역』의 개정작업을 결정할 때까지 250년 이상 "가장 권위 있는 성경"으로 인정받았다.

이 글은 John Reumann, *Four Centuries of the English Bible* (Philadelphia: Muhlenberg Press, 1961)의 내용을 발췌 번역한 것이다.

임봉대(林鳳大) 목사 프로필

1. 약력

- 국제성서박물관 관장 (2010년-현재)
- 주안감리교회 소속목사 (2010년-현재)
- 감리교신학대학교 강사/객원교수 (2010년-현재)
- 박물관·미술관 정학예사 (2급)
- (사)인천광역시박물관협의회 회장 (2015-2019년)
- 미국 Graduate Thological Union 졸업 (Ph.D., 2010년)
- 학위 논문: "Social Identity in Early Israel: An Archaeological and Textual Study of Social Behaviors and Group Identity among Highland Villagers in Iron Age I Palestine"

2. 수상

- 전국신학대학협의회(KAATS) 최우수 논문상(1986년)
- 감리교신학대학 대학원 최우수 졸업 논문상(1986년)
- 고 김용옥 학장 기념 논문상(1986년)
- 인천광역시장상(문화부문, 2012년)
- 문화체육관광부 장관상(박물관·미술관 발전 유공자, 2020년)

3. 주요저서

- 『사사기-혼돈 시대를 살아가는 믿음』 (미국 Cokesbury, 2007년)
- 『속회공과』 (공저, 미국연합감리교회, 2009년, 2012년)
- 『노아의 방주』 (서울: 조명문화사, 2010년)
- 『뮤지엄의 22가지 시선』 (공저, 서울: 한국박물관협회, 2013년)
- 『아말렉의 비밀』 (서울: 조명문화사, 2014년)
- 『알고 보면 흥미 있는 구약이야기』 (서울: KMC, 2019년)

4. 학술논문

- "구약성서에 나오는 환대(Hospitality)에 관한 소고-다문화 사회에서의 성경 이해", 「구약논단」 제18권 3호, 통권 45집 (2012년 9월), 34-59.
- "성경의 식물들 명칭 번역에 관한 소고", 「성경원문연구」 제31호 별책부록 (2012년 12월), 131-142.
- "동부 요단 지파들의 귀향과 사회정체성", 「신학과세계」 85 (2016), 271-301.
- "1QpHab vii.5-viii.3에 나타난 의인(義人)의 구원에 관한 이해" 「구약논단」 제22권 2호, 통권 60집 (2016년 6월), 66-95.
- "예언서 연구의 최근 경향", 「기독교사상」 (2019년 7월), 31-40.
- "사사기 1:9-15에 나타난 남부 지파들의 정착과 약속의 땅 성취에 관한 고찰" 「구약논단」 75 (2020년 3월), 37-59.
- "집회서 48:17-22의 히스기야 터널에 관한 고찰-히브리어 본문과 70인역(LXX)의 본문비교" 「성경원문연구」 46 (2020년 4월), 47-66.

5. 신앙·교육

- "신학교육의 올바른 방향", 「강단과 목회」 116 (2011년 1-2월), 120-124.
- "하나님의 영적 혼수품", 「기독교사상」 (2011년 10월), 50-59.
- "성찬의 올바른 이해", 「신앙과 교육」 (2014년 3-4월), 32-39.
- "성경의 워터게이트 사건", 「강단과 목회」 151 (2016년 11-12월), 106-109.

6. 박물관 발표

- "인천•강화지역 역사문화탐방 사례", 박물관•미술관 워크숍 (인천광역시 박물관협의회, 2010년 12월 28일, 부평역사박물관)
- "인천지역 박물관•미술관 운영지원", 전국 박물관•미술관 관장 콘퍼런스 (한국박물관협회, 2014년 11월 26일, 바비엥 II 3층 콘퍼런스룸)
- "종교적 틀을 넘어선 세계의 기록문화와 역사를 담은 유산" 월간 「인물」 (2015년 11월호), 118-119.
- "인천 뮤지엄 파크와 박물관•미술관 활성화", 주민참여예산 정책토론회 (인천광역시, 2017년 8월 31일, 인천문화예술회관)
- "해양도시 인천과 국립인천해양박물관 설립", 국립해양박물관 건립 위한 전문가 토론회 (경인방송, 2017년 11월 15일, 인천경제산업테크노파크 20층 미추홀관)

7. 연재·칼럼

- 주안(계간): 박물관 이야기(2010-2020년)
- 성실문화(계간): 성서일과에 따른 시편주석(2005-2010년), 성서일과에 따른 구약주석(2007-2010년), 성경의 식물들(2006-2009년), 예루살렘 성전 이야기(2011-2017년), 국제성서박물관 이야기(2017-2020년)
- 강단과 목회(계간): 교회력에 따른 시편주석(2012-2015년)
- 기독교세계(월간): 박물관 속 성경의 세계(2013-2014년), 성경의 동물들(2019년), 성경의 음식들(2020년)
- 기독교타임즈(주간): 임봉대 목사의 구약이야기(2013-2017년)
- 인천기독신문(주간): 구약의 메시아사상(2014-2020년)
- 경기일보(일간) 칼럼 '인천의 아침'(2017-2020년)
- Museum News(weekly) Calum (http://www.museumnews.kr/한국박물관협회)